AF314726

LEÇONS

DE GÉOGRAPHIE,

FAISANT PARTIE

DU COURS D'ÉTUDES ÉLÉMENTAIRES

DE M. L'ABBÉ GAULTIER,

Destiné à instruire les Enfans en les amusant, par le moyen de plusieurs Jeux.

PREMIÈRE PARTIE,
JEU DE LA GÉOGRAPHIE DE LA FRANCE.

Prix, 1 l. 4 f.
&, avec les Instrumens du Jeu, 18 liv.

Ces Instrumens font trois *Tableaux élémentaires*, dont le *premier*, découpé en bois, offre les Gouvernemens & les Bornes de la France en différens morceaux qui fe féparent & fe rejoignent aifément. Plus un fac contenant 84 boules.

A PARIS,

Rue Neuve S.-Augustin, N° 28:
AU COURS DES JEUX INSTRUCTIFS
POUR LA JEUNESSE,
fous la Protection du Gouvernement.

1788.

AVERTISSEMENT.

Nous ne nous sommes pas proposés de donner ici une nouvelle Méthode de Géographie. Nous avons adopté presqu'en entier celle du P. Buffier, comme une des meilleures, & nous l'avons rendue plus facile & plus agréable en la préfentant par le moyen d'un jeu. Quoique dans les Traités ordinaires la connoiffance de la Sphère précéde celle de la Géographie, il nous a paru plus analytique de commencer par celle-ci. Il nous fuffira que les Enfans fachent diftinguer clairement les quatre points cardinaux, non feulement fur la carte, mais auffi fur l'horizon réel. Quelques promenades dans lefquelles on leur fera fuivre avec quelqu'attention le cours du foleil, dans différentes parties du jour, pourront leur donner cette connoiffance.

CATALOGUE DES BOULES

DE LA GÉOGRAPHIE DE LA FRANCE,

Suivant l'ordre dans lequel on doit les mettre dans le sac pour chaque nouvelle Leçon. — Le chiffre marque le nombre de jettons que ces boules gagnent.

JEU DES GOUVERNEMENS.

Pour la première Leçon, on mettra dans le Sac les boules

Angleterre.	1	Royaumes voisins. . 2		
Espagne. .	1			
Méditeranée.	1			
Océan. .	1	Mers. . . 3	Bornes. . 8	
Manche. .	1			
Savoye. ,	1			
Suisse. .	1	Frontières. 3		
Pays-Bas.	1			

Pour la deuxième Leçon :

Rouen. .	1	Gouverne-
Amiens. .	1	mens du cir-
Lille. . .	1	cuit au Nord. 3

Pour la troisième Leçon :

Nanci. .	1	
Strasbourg.	1	Gouverne-
Besançon.	1	mens du cir-
Dijon. .	1	cuit à l'O-
Lyon. . .	1	rient. . . 6
Grenoble..	1	

Pour la quatrième Leçon :

Aix. . .	1	Gouverne-
Toulouse..	1	mens du cir-
Perpignan.	1	cuit au Mi-
Foix. . .	1	di. . . . 5
Pau . .	1	

Pour la cinquième Leçon :

Bordeaux.	1	Gouverne-	
Saintes. .	1	mens du cir-	Gouverne-
La Rochelle.	1	cuit à l'Occi-	mens du cir-
Poitiers. .	1	dent. . . 3	cuit. . . 19
Rennes. .	1		

Pour la sixième Leçon :

Angers. .	1	Gouverne-
Le Mans..	1	mens du mi-
Orléans. .	1	lieu au Nord. 4
Paris. . .	1	

Pour la septiéme Leçon :

Tours.	. 1	Gouverne-
Bourges.	. 1	mens du mi-
Guéret.	. 1	lien à l'Occi-
Limoges.	. 1	dent. . . 4

Pour la huitiéme Leçon :

Troyes.	. 1	Gouverne-		
Nevers.	. 1	mens du mi-	Gouverne-	Gouverne-
Moulins.	. 1	lieu à l'O-	mens du mi-	mens. . 31
Clermont.	1	rient. . . 4	lieu. . . 12	

JEU DES RIVIÈRES.

Pour la premiére Leçon :

La Seine.   Le Rhône.   La Loire.   La Garonne.

Pour la deuxiéme Leçon :

L'Oise.	. 1		
La Marne.	1	Seine. . . 4	
L'Yone.	. 1		
La Durance.	1		
L'Isère.	. 1	Rhône. . 4	
La Saone.	1		
L'All'er.	. 1		
La Vienne.	1	Loire. . . 4	
Le Loir.	. 1		
Le Tarn.	. 1		
Le Lot.	. 1	Garonne. . 4	
La Dordogne.	1		

Pour la troisiéme Leçon :

La Somme.	1		
L'Orne.	. 1	Petites ri-	
La Vilaine.	1	vières qui se	
La Charente.	1	jettent dans	Rivières. . 22
L'Adour.	. 1	la mer. . 6	
L'Aude.	. 1		

JEU DES PARTICULARITÉS.

Pour la Leçon unique :

Nota. On mettra dans le sac les Boules du Jeu des Gouvernemens et des Rivières ; et on y ajoutera les boules étiquettées.

Petits Gouvernemens.	. 8		
Eaux Minérales.	. 8	Particulari-	
Parlemens.	. 13	tés. . . 51	France. 120
Ports de Mers.	. 14		
Archevêchés.	. 18		

INTRODUCTION

INTRODUCTION
A LA
GÉOGRAPHIE.

Principaux termes de la Géographie.

L'Instituteur. Qu'EST-CE que la Géographie?

L'Eléve. C'est une science qui enseigne le nom & la situation des divers pays de la Terre.

L'Inst. Que signifie le mot Géographie?

L'El. Il est tiré de deux mots grecs: savoir, γη, *terre*, & γραφῦ, *description*, (1) & signifie en général, selon son étymologie, *description de la Terre.*

L'Inst. Marquez-moi les termes les plus nécessaires & les plus familiers à la Géographie?

L'El. Les voici :

Isle, Isthme, Détroit, Lac, Golfe, Cap, Continent, Presqu'Isle, Nord, Midi, Orient, Occident.

L'Inst. Qu'est-ce qu'on entend par *Continent* & *Terre-ferme?*

L'El. On appelle Continent ou Terre-ferme, le plus grand espace de terre qu'on puisse parcourir sans passer la mer.

L'Inst. Qu'est-ce qu'une *Isle?*

L'El. C'est un espace de terre entouré d'eau, moindre que le Continent.

L'Inst. Et une *Presqu'Isle* ou *Péninsule?*

____

(1) γη ou *géo*, γραφῦ ou *graphia.*

A

L'El. C'eſt un eſpace de terre qui eſt entouré d'eau , excepté par un ſeul endroit, & cet endroit s'appelle *Iſthme.*

L'Inſtituteur. Qu'eſt-ce donc en général qu'un *Iſthme ?*

L'El. C'eſt un endroit de la Terre qui joint une Preſqu'Iſle au Continent.

L'Inſt. Le Continent étant lui-même entouré de l'eau de la mer, le Continent eſt-il une Iſle ?

L'El. C'eſt, ſi vous le voulez une grande Iſle , comme une Iſle eſt un petit Continent.

L'Inſt. Quel eſt l'endroit de la mer qu'on appelle un *Détroit ?*

L'El. Un Détroit eſt un endroit de la mer qui paſſe entre deux terres fort proches l'une de l'autre.

L'Inſt. Qu'eſt-ce qu'un *Golfe ?*

L'El. Un Golfe eſt une partie de la mer qui s'enfonce dans la terre.

L'Inſt. Une *Baie* n'eſt-elle pas une ſorte de petit Golfe ?

L'El. La Baie différe du Golfe en ce qu'elle a une moindre étendue, & qu'en conſéquence les vaiſſeaux y ſont à l'abri de pluſieurs vents.

L'Inſt. Qu'appelle-t-on *Cap* ou *Promontoire ?*

L'El. Un Cap *ou* Promontoire eſt une éminence de terre avancée dans la mer.

L'Inſt. Quels ſont les quatre points principaux à remarquer dans le globe de la Terre & du monde ?

L'El. Ce ſont l'*Orient,* l'*Occident* , le *Septentrion* & le *Midi.*

L'Inſt. N'ont-ils pas d'autres noms ?

L'El. L'Orient s'appelle encore l'*Eft* ou le *Levant*; l'Occident s'appelle auffi l'*Oueft* ou le *Couchant*; le Septentrion s'appelle *Nord*, & le Midi *Sud*. Le Septentrion s'appelle auffi quelquefois *Pole arctique*, & le Midi *Pole antarctique*.

L'Inft. Queft-ce que l'*Orient* ?

L'El. L'Orient eft l'endroit où le foleil fe léve.

L'Inft. Qu'eft-ce que l'*Occident* ?

L'El. C'eft le côté où le foleil fe couche, & qui eft à l'oppofite de l'Orient.

L'Inft. Qu'eft-ce que le *Septentrion* ?

L'El. C'eft la partie la plus élevée au-deffus de l'Orient & de l'Occident, près d'un amas d'é-toiles ou conftellations, dites les *fept Triones*, d'où il tire fon nom.

L'Inft. Le *Midi* n'eft-il pas également éloigné de l'Orient & de l'Occident ?

L'El. Oui; mais il eft au-deffous & à l'oppo-fite du Septentrion.

L'Inft. En quel endroit d'une carte de géo-graphie font marqués d'ordinaire les quatre points de la Terre ?

L'El. Dans une carte régulière, l'*Orient* eft à la droite de celui qui la regarde ; l'*Occident* eft à fa gauche ; le *Septentrion* au haut de la carte, & le *Midi* au bas.

L'Inft. Qu'appelle-t-on la *droite* ou la *gauche* d'un Fleuve ou d'une Rivière ?

L'El. La droite d'une Rivière ou d'un Fleuve eft le côté droit d'une Perfonne qui, navigant, a le vifage tourné vers le courant de l'eau, & la gauche de cette rivière eft le côté gauche de la même perfonne.

L'Inft. Par cette régle le Louvre & l'Hôtel des

Invalides, à Paris, font-ils à la *droite* ou à la *gauche* de la Seine ?

L'El. Le Louvre eft à la droite de la Seine, & l'Hôtel des Invalides à la gauche.

L'Inft. N'y a-t-il pas de différence entre *Fleuve* & *Rivière* ?

L'El. A parler exactement, un Fleuve eft une grande Rivière qui a fon embouchure dans la mer, c'eft-à-dire qui garde le même nom jufqu'à la mer où elle porte fes eaux : ainfi tout Fleuve eft Rivière, mais toute rivière n'eft pas fleuve.

L'Inft. Qu'appellez-vous proprement l'*embou- chure* d'une rivière ?

L'El. C'eft l'endroit où une rivière perd fon nom, en fe jettant dans une autre rivière ou dans la mer.

L'Inft. Queft-ce que le *deffus* ou le *haut*, le *deffous* ou le *bas* d'une rivière ?

L'El. Le deffus ou le haut eft l'endroit qui approche davantage de fa fource ; & le deffous ou le bas, l'endroit qui approche le plus de fon embouchure.

L'Inft. Suivant cette définition le Pont-Neuf & le Pont-Royal, font-ils au *deffus* ou *au deffous* l'un de l'autre ?

L'El. Le Pont-Neuf eft au-deffus & le Pont-Royal eft au-deffous.

L'Inft. Pourquoi certaine partie d'un même pays eft-elle dite plutôt *haute* que *baffe*, comme la *haute* Allemagne, la *baffe* Allemagne ?

L'El. Ces dénominations fe tirent fouvent du cours des rivières, en forte qu'une partie eft dite *haute*, quand elle approche plus de leur fource, & *baffe*, quand elle approche plus de leur embouchure. Ces mêmes dénominations

femblent quelquefois données au hazard , & ar-
bitrairement.

Divifion générale de la Terre.

L'Inft. En combien de parties divife-t-on ordinairement la Terre ?

L'El. En. quatre parties : favoir , l'*Europe*,
l'*Afie* , l'*Afrique* & l'*Amérique* , fituées , comme on
le voit ci-deffous.

EUROPE. ASIE. AFRIQUE.	AMÉRIQUE.

L'Inft. Ces quatre parties font elles dans le
même Continent ?

L'El. Les trois premières n'en font qu'un ,
parce qu'on peut aller de l'une à l'autre fans
paffer la mer.

Les deux vers fuivans indiquent ce que nous
venons de dire :

Au premier continent, Europe, Afie, Afrique ;
Au fecond, comme une ifle , eft la feule Amérique.

Divifion de l'Europe.

L'Inft. En combien de parties principales peut-
on commodément divifer l'*Europe*.

L'El. En douze parties ou régions principales. Les voici indiquées en ces quatre vers :

> En Europe eſt compris le *Portugal l'Eſpagne*,
> La *France*, ſa *Frontière*, *Italie*, *Allemagne*,
> Le *Dannemarck*, *Suéde* & l'*Etat Polonois*,
> Le *Turc*, le *Moſcovite*, en l'Océan l'*Anglois*.

L'Inſt. Que comprenez-vous ſous le nom des *Frontières de la France* ?

L'El. Trois contrées les plus voiſines de la France, du côté de l'Allemagne ; ſavoir les *Pays-bas*, la *Suiſſe* & la *Savoye*.

L'Inſt. Nommez-moi ſimplement, & de ſuite, les douze parties principales de l'Europe, & claſ-ſez-en quatre au Nord, quatre au milieu, & quatre au Midi.

L'El. On trouvera ces Pays ſur la Carte d'Europe, de la manière qui ſuit :

AU NORD.

Angleterre.	Dannemarck.	Suéde.	Ruſſie.
Cap.	*Cap.*	*Cap.*	*Cap.*
Londres.	Copenhague.	Stockolm.	Pétersbourg.

AU MILIEU.

France.	Frontières.	Allemagne.	Pologne.
Cap.			*Cap.*
Paris.	✳	✳	Varſovie.

AU MIDI.

Portugal.	Eſpagne.	Italie.	Turquie en Europe.
Cap.	*Cap.*		*Cap.*
Lisbonne.	Madrid.	✳	Conſtantinople.

LEÇONS
DE GÉOGRAPHIE.

GÉOGRAPHIE
DE LA FRANCE.

DE LA FRANCE EN GÉNÉRAL,

Et Régles pour en connoître la GEOGRAPHIE

par le moyen d'un Jeu.

L'Instituteur. POURQUOI commencez-vous par la France ?

L'Eléve. Parce que c'est le pays que nous habitons, & que nous avons le plus d'intérêt de connoître.

L'Inst. Quelle est son étendue ?

L'E!. Elle a environ deux-cent vingt-cinq lieues du nord au midi, & deux-cent de l'orient à l'occident.

A 4

L'Inft. Eft-elle bien peuplée ?

L'El. On y compte plus de vingt millions d'habitans.

L'Inft. Comment connoîtrons-nous la Géographie de cette vaſte Monarchie par le moyen d'un jeu ?

L'El Nous ferons fucceſſivement pluſieurs parties, dont les premières feront deſtinées à nous faire connoître les *Gouvernemens*, ainſi que les bornes de la France, & ce fera le JEU DES GOUVERNEMENS. Les parties fuivantes nous feront connoître les principales *Rivières ;* ce fera le JEU DES RIVIÈRES. Les dernières nous feront connoître pluſieurs *Particularités* & pluſieurs *Détails*, & ce fera le JEU DES PARTICULARITÉS.

L'Inft. Quelles font les régles de ces trois Jeux.

L'El. On trouvera les régles particulières à chaque partie. Voici les régles générales.

RÉGLES GÉNÉRALES DU JEU
de la Géographie de la France.

Iº On commencera toujours par placer fur la table les *Tableaux élémentaires* de la manière qu'il fera indiqué dans les *préparatifs du Jeu* de chaque partie.

IIº On établira un Banquier, qui fera ordinairement l'Inſtituteur. (Quand les Joueurs connoîtront aſſez le jeu, celui d'entr'eux qui aura gagné le plus dans la partie précédente, aura droit de remplir cette place. Les Inftituteurs ne feront alors qu'y préfider pour l'adminiftration de la Police.)

III° Le Banquier fera toujours placé à la tête ou au haut du *Tableau élémentaire*, & les joueurs feront au bas, le regardant de face; ainfi le banquier fera du côté du nord, & les joueurs du côté du midi. Les points cardinaux doivent toujours être rappellés au commencement de la partie, & l'on aura foin qu'ils répondent aux points réels de l'horifon.

IV° Le banquier aura à fa droite & à fa gauche un panier; l'un plein de jettons fera deftiné à payer les gagnans, & on l'appellera *le panier de la Banque;* l'autre vide fera deftiné à recevoir les amendes de ceux qui fe tromperont en jouant, on l'appellera *le panier des Amendes.*

V° Chaque joueur aura en commençant un enjeu pour payer fes fautes.

VI° Le Banquier aura foin de mettre dans un fac les boules indiquées dans les *préparatifs* du jeu pour chaque partie.

VII° Tout étant ainfi préparé, le Banquier remuera le fac, & fera tirer une boule par le premier joueur à fa droite. Celui-ci placera d'abord la boule fur l'endroit du Tableau qu'elle défigne ; par exemple; la boule *le Mans*, fur *le Maine*, celle *Paris* , fur l'*Ifle de France* ; enfuite il en donnera l'*explication* qui fe trouve à chaque partie.

VIII° Si le joueur explique bien fa boule, c'eft-à-dire , s'il fatisfait aux *demandes* , il recevra du banquier le nombre de jettons qui répond à cette boule, fuivant *la valeur des lots.*

IX° S'il fe trompe, il fera corrigé par le voifin à droite, qui gagnera un jetton. Lorfque celui-ci fe trompera à fon tour, il fera corrigé par le troifiéme joueur à droite qui gagnera deux jettons, & ainfi de fuite.

X° Lorfque tous les joueurs fe feront trompés , ils feront amendés par le Banquier & payeront chacun un jetton *AU PANIER DES AMENDES.* Ce panier fera au profit de celui qui aura tiré le plus gros lot de la partie.

XI° Les boules qui font des lots, comme *MERS* , *FRONTIÈRES* , *&c.* ne pouvant être placées fur aucune cafe particulière du Tableau, feront remifes au Banquier.

XII° Dès que le premier joueur aura expliqué fa boule , fon voifin en tirera une autre , ainfi de fuite.

XIII° La partie finira lorfque le fac fera vide , ou la ferme épuifée.

XIV° Le Banquier aura foin que chaque joueur tire un nombre égal de boules. A cet effet, s'il arrivoit qu'au dernier tour de la partie, il n'y eut pas assez de boules pour tous les joueurs, le Banquier remettra dans le sac quelques uns des lots déjà sortis.

On a demandé quelle récompense les Enfans attendoient des jettons qu'ils avoient gagnés. L'expérience a fait voir que les jettons mêmes en étoient une assez flateuse pour eux. Ces jettons semblent leur donner une bonne opinion d'eux-mêmes, & les assûrer des progrès qu'ils font dans les études.

JEU DES GOUVERNEMENS.

LEÇON PREMIÈRE.

LES bornes de la France font : trois PAYS FRONTIÈRES, favoir : les Pays-Bas, la Suisse & la Savoie ; trois MERS : la Méditerranée, l'Océan & la Manche ; deux ROYAUMES VOISINS, l'Espagne & l'Angleterre.

Préparatifs du Jeu, & valeur des Boules.

On placera d'abord fur la table le fecond TABLEAU ÉLÉMENTAIRE, qui eft un Tableau en quelque forte emblématique, dans lequel les 12 Gouvernemens du milieu de la France font en rouge ; les 19 du circuit en blanc ; les frontières & les royaumes voisins de couleur de terre ; les mers en verd ; & , où il n'y a rien d'écrit. Sur celui-là, on placera le premier TABLEAU ÉLÉMENTAIRE , qui est découpé & dont les morceaux peuvent aisément s'adapter ensemble : les Gouvernemens & les bornes de ce Tableau seront posés sur les parties du second qui leur répondent par le contour & la couleur.

On mettra dans le sac les 12 boules , 1° *Pays-Bas*, 2° *Suisse*, 3° *Savoye* , elles vaudront un jetton chacune ; 4° *Frontières* ; elle vaudra trois jettons , parce que la France a trois Frontières ; 5° *Méditerranée*, 6° *Océan* , 7° *la Manche* ; elles vaudront un jetton chacune ; 8° *Mers* , elle vaudra trois jettons pour les trois mers de la France ; 9° *Espagne*, 10° *Angleterre* ; elles vaudront un jetton chacune ; 11° *Royaumes voisins de la France*, elle vaudra deux jettons , parce que la France a deux Royaumes voisins ; 12° *Bornes* , elle vaudra huit jettons pour les huit bornes de la France ; elle est le principal lot de cette partie.

Explication des Boules & commencement

de la Partie.

A celui qui aura tiré la boule PAYS-BAS.

On demandera : A quel point de la France sont situés les *Pays-Bas* ? il répondra , au Nord. Il aura un jetton.

S U I S S E.

D. A quel point de la France est située *la Suisse* ? = *R*. à l'Orient. Il aura un jetton.

SAVOYE.

D. A quel point de la France est située *la Savoye* ? ⸗ *R.* à l'Orient. Il aura un jetton.

FRONTIÈRES.

D. Par combien de frontières la France est-elle bornée ? ⸗ *R.* Par trois frontières. Par les Pays-bas au Nord, & par la Suisse & la Savoye à l'Orient. Il aura trois jettons.

MÉDITERRANNÉE.

D. A quel point de la France est située *la Méditerrannée* ? ⸗ *R.* au Midi. Il aura un jetton.

OCÉAN.

D. A quel point de la France est situé l'O-céan ? ⸗ *R.* à l'Occident ou à l'Ouest. Il gagnera un jetton.

MANCHE.

D. A quel point de la France est située *la Manche* ? ⸗ *R.* au Nord. Il aura un jetton.

MERS.

D. Quelles sont les *Mers* de la France ? ⸗ *R.* Ce sont : la Méditerranée au Midi, l'Océan à l'Occident, & la Manche au Nord. Il aura trois jettons.

ESPAGNE.

D. A quel point de la France est située l'*Es-pagne* ? ⸗ *R.* au Midi. Il aura un jetton.

ANGLETERRE.

D. A quel point de la France est située l'*An-gleterre* ? ⸗ *R.* au Nord. Il aura un jetton.

ROYAUMES VOISINS DE LA FRANCE.

D. Quels font les *Royaumes voifins de la France?*
= *R.* Ce font : l'Efpagne & l'Angleterre. Il aura deux jettons.

BORNES DE LA FRANCE.

D. Quelles font les *Bornes de la France ?* = *R.* Il y en a huit, favoir : les Pays-bas au Nord; la Suiffe & la Savoie à l'Orient; la Méditerrannée & l'Efpagne au Midi; l'Océan à l'Occident; la Manche & l'Angleterre au Nord. Il aura huit jettons.

NOTA, 1° Auffi-tôt que l'Eléve aura expliqué fa boule, on détachera, du Tableau découpé, la borne que fon étiquette défigne. En fuivant ce même procédé pour chaque partie des Gouvernemens, &c. les enfans finiront par placer exactement les boules fur le Tableau emblématique, ou *fecond Tableau élémentaire*, comme nous verrons à la fin de ce *Jeu des Gouvernemens.*

2° D'après les connoiffances plus ou moins étendues des éléves, on pourra, fuivant les différens fyftêmes de Géographie, leur faire gagner plufieurs jettons au de-là de leurs lots, en multipliant les queftions. Par exemple, s'ils répondent à ces queftions : Qu'eft-ce qui fépare l'Efpagne de la France ? Entre quelles mers de la France eft fituée l'Efpagne? &c. ils auront autant de jettons qu'ils auront donné de réponfes. On pourra faire de même, pour les autres boules fimples.

LEÇON II.

IL y a trois *Gouvernemens du circuit de la France au Nord, ce font : la NORMANDIE,* dont la Capitale eft Rouen ; *la PICARDIE,* dont la Capitale eft Amiens ; *la FLANDRE FRANÇOISE,* dont la Capitale eft Lille.

Préparatifs du Jeu & valeur des Boules.

On ajoutera dans le fac de la partie précédente les boules *Rouen*, *Amiens*, *Lille*, qui vaudront un jetton chacune, & la boule *Gouvernemens du circuit au Nord*, qui vaudra trois jettons pour ces trois Gouvernemens du Nord enfemble.

Explication des boules, & commencement de la Partie.

A celui qui aura la boule R O U E N.

D. De quel Gouvernement *Rouen* eft - il la capitale ? — *R.* De la Normandie. — *D.* Qu'eft-ce que la Normandie ? — *R.* C'eft un Gouvernement du circuit au Nord de la France. Il aura un jetton. (1)

A M I E N S.

D. De quel Gouvernement *Amiens* eft-il la

---

(1) Pour éviter la répétition des mêmes mots, qui reviennent trop fouvent dans notre Jeu, la marque ⧾, fignifie, *il aura un jetton.*

capitale ? — *R.* De la Picardie ? — *D.* Qu'est-ce que la Picardie ? — *R.* C'est un Gouvernement du circuit au Nord de la France. ✠

LILLE.

D. De quel Gouvernement *Lille* est-il la capitale? — *R.* De la Flandre Françoise. — *D.* Qu'est-ce que la Flandre Françoise ? — *R.* C'est un Gouvernement du circuit au Nord de la France. ✠

GOUVERNEMENS DU CIRCUIT AU NORD.

D. Quels sont les Gouvernemens du circuit de la France au Nord ? — *R.* Il y en a trois, *la Normandie*, *la Picardie* & *la Flandre françoise.* — *D.* Quelles sont leurs Villes capitales ? — *R.* De la Normandie c'est *Rouen* ; de la Picardie c'est *Amiens* ; & de la Flandre Françoise c'est *Lille*, à ce Gouvernement on peut joindre celui d'ARTOIS, dont la capitale est *Arras*. Il aura trois jettons.

NOTA. Il ne faut pas oublier de détacher du Tableau ces trois Gouvernemens avant de commencer la partie suivante. *Voyez*, *Nota* 1° *p.* 14.

LEÇON III.

IL y a six Gouvernemens du circuit de la France à l'Orient, savoir : la LORRAINE, *capitale* Nanci ; *l'*ALSACE, *capitale* Strasbourg ; *la* FRANCHE-COMTÉ, *capitale* Besançon ; *la* BOURGOGNE, *capitale* Dijon ; *le* LYONOIS, *capitale* Lyon ; *& le* DAUPHINÉ, *capitale* Grenoble.

Préparatifs

Préparatifs du Jeu & valeur des boules.

On ajoutera aux boules des parties précéden-tes, *Nanci*, *Strasbourg*, *Besançon*, *Dijon*, *Lyon*, *Grenoble*, qui vaudront un jetton chacune. Enfin la boule *Gouvernemens du circuit à l'Orient*, qui vaudra six jettons pour ces six Gouvernemens ensemble.

Explication des boules & commencement de la Partie.

A celui qui aura la boule NANCI.

D. De quel Gouvernement *Nanci* est il la capitale ? — *R.* De la Lorraine. — *D.* Qu'est-ce que la Lorraine ? — *R.* C'est un Gouvernement du circuit à l'Orient de la France. ✠

STRASBOURG.

D. De quel Gouvernement *Strasbourg* est-il la capitale ? — *R.* De l'Alsace. — *D.* Qu'est-ce que l'Alsace ? — *R.* C'est un Gouvernement du circuit à l'Orient de la France. ✠

BESANÇON.

D. De quel Gouvernement *Besançon* est-il la capitale ? — *R.* De la Franche-Comté. — *D.* Qu'est-ce que la Franche-Comté ? — *R.* C'est un Gouvernement du circuit à l'Orient de la France. ✠

DIJON.

D. De quel Gouvernement *Dijon* est-il la capitale ? — *R.* De la Bourgogne. — *D.* Qu'est-ce que la Bourgogne ? — *R.* C'est un Gouvernement du circuit à l'Orient de la France. ✠

B

L Y O N.

D. De quel Gouvernement *Lyon* eſt il la capitale ? — *R.* Du Lyonnois. — *D.* Qu'eſt-ce que le Lyonnois ? — *R.* C'eſt un Gouvernement du circuit à l'Orient de la France. ✠

G R E N O B L E.

D. De quel Gouvernement *Grenoble* eſt-il la capitale ? — *R.* Du Dauphiné. — *D.* Qu'eſt-ce que le Dauphiné ? — *R.* C'eſt un Gouvernement du circuit à l'Orient de la France. ✠

GOUVERNEMENS DU CIRCUIT A L'ORIENT.

D. Quels ſont les Gouvernemens du circuit de la France à l'Orient ? — *R.* Il y en a ſix, ce ſont : la *Lorraine*, l'*Alſace*, la *Franche-Comté*, la *Bourgogne*, le *Lyonnois* & le *Dauphiné*. — *D.* Quelles ſont leurs capitales ? — *R.* De la Lorraine c'eſt *Nanci* ; de l'Alſace c'eſt *Strasbourg* ; de la Franche-Comté c'eſt *Beſançon* ; de la Bourgogne c'eſt *Dijon* ; du Lyonnois c'eſt *Lyon* ; & du Dauphiné c'eſt *Grenoble*. Il aura ſix jettons.

L E Ç O N I V.

Il y a cinq Gouvernemens du circuit de la France au Midi ; ce ſont, la PROVENCE, *capitale* Aix ; *le* LANGUEDOC, *capitale* Toulouſe ; *le* ROUSSILLON, *capitale* Perpignan ; FOIX, *capitale* Foix ; & *le* BEARN, *capitale* Pau.

Préparatifs du Jeu & valeur des boules.

On ajoutera dans le fac les boules *Aix*, *Toulouse*, *Perpignan*, *Foix*, *Pau*, qui vaudront un jetton chacune ; enfin la boule *Gouvernemens du circuit au Midi*, qui vaudra cinq jettons pour les cinq Gouvernemens enfemble.

Explication des boules & commencement de la Partie.

A celui qui aura la boule A I X.

D. De quel Gouvernement *Aix* eft-il la capitale ? = *R*. De la Provence. = *D*. Qu'eft-ce que la Provence ? = *R*. C'eft un Gouvernement du circuit au Midi de la France. ✠

T O U L O U S E.

D. De quel Gouvernement *Touloufe* eft-il la capitale ? = *R*. Du Languedoc ? = *D*. Qu'eft-ce que le Languedoc ? = *R*. C'eft un Gouvernement du circuit de la France au Midi. ✠

P E R P I G N A N.

D. De quel Gouvernement *Perpignan* eft-il la capitale ? = *R*. Du Rouffillon. = *D*. Qu'eft-ce que le Rouffillon ? = *R*. C'eft un Gouvernement du circuit de la France au Midi. ✠

F O I X ou P A M I E R S.

D. De quel Gouvernement *Foix* ou *Pamiers* eft-il la capitale ? = *R*. De Foix. = *D*. Qu'eft-ce que Foix ? = *R*. C'eft un Gouvernement du circuit au Midi de la France. ✠

P A U.

D. De quel Gouvernement *Pau* eft-il la capitale ? = *R.* Du Béarn. = *D.* Qu'eſt-ce que le Béarn ? = *R.* C'eſt un Gouvernement du circuit au Midi de la France. ✠

GOUVERNEMENS DU CIRCUIT AU MIDI.

D. Quels ſont les Gouvernemens du circuit au Midi de la France ? = *R.* Ce ſont la *Provence*, le *Languedoc*, le *Rouſſillon*, *Foix* & *Béarn*. =. *D.* Quelles ſont leurs capitales ? = *R.* De la Provence c'eſt *Aix*; du Languedoc c'eſt *Toulouſe*; du Rouſ-ſillon c'eſt *Perpignan*; de Foix c'eſt *Foix* ou *Pa-miers*; & du Béarn c'eſt *Pau*. Il aura cinq jettons.

LEÇON V.

Il y a cinq Gouvernemens du circuit de la France à l'Occident, ce ſont : la GUIENNE, *capitale* Bordeaux; *la* SAINTONGE & L'AN-GOUMOIS, *capitales* Saintes & Angoulême; *l'*AUNIS, *capitale* la Rochelle; & *la* BRE-TAGNE, *capitale* Rennes.

Préparifs du Jeu, & valeur des Boules.

On ajoutera dans le ſac les boules *Bordeaux*, *Saintes & Angoulême, Poitiers, la Rochelle & Rennes*, qui vaudront chacune un jetton. Plus la boule *Gouvernemens du circuit à l'Occident*, qui vaudra cinq jettons pour ces cinq Gouvernemens enſem-ble. Enfin la boule *Gouvernemens du circuit*, qui vaudra ſeule dix-neuf jettons pour les dix-neuf

Gouvernemens du circuit de la France enfemble qu'on fera obligé d'expliquer.

Explication des boules , & commencement de la Partie.

A celui qui aura la boule BORDEAUX.

D. De quel Gouvernement *Bordeaux* eft-il la capitale ? = *R.* De la Guienne. = *D.* Qu'eft-ce que la Guienne ? = *R.* C'eft un Gouvernement du circuit de la France à l'Occident. ✠

S A I N T E S & A N G O U L Ê M E.

D. De quel Gouvernement *Saintes & Angoulême* font capitales ? = *R.* De la Saintonge & de l'Angoumois. = *D.* Qu'eft-ce que la Saintonge & l'Angoumois ? = *R.* Ce font des Gouvernemens du circuit de la France à l'Occident. ✠

P O I T I E R S.

D. De quel Gouvernement *Poitiers* eft-il la capitale ? = *R.* Du Poitou. = *D.* Qu'eft-ce que le Poitou ? = *R.* C'eft un Gouvernement du circuit de la France à l'Occident. ✠

L A R O C H E L L E.

D. De quel Gouvernement *la Rochelle* eft-il la capitale ? = *R.* De l'Aunis. = *D.* Qu'eft-ce que l'Aunis ? = *R.* C'eft un Gouvernement du circuit de la France à l'Occident. ✠

R E N N E S.

D. De quel Gouvernement *Rennes* eft-il la capitale ? = *R.* De la Bretagne. = *D.* Qu'eft-ce que la Bretagne ? = C'eft un Gouvernement du circuit de la France à l'Occident. ✠

B 3

GOUVERNEMENS DU CIRCUIT A L'OCCIDENT.

D. Quels font les Gouvernemens du circuit de la France à l'Occident ? — *R.* Ce font : *la Guienne, la Saintonge & l'Angoumois, le Poitou, l'Aunis & la Bretagne.* — *D.* Quelles font leurs capitales ? — *R.* De la Guienne c'eft *Bordeaux* ; de la Saintonge & de l'Angoumois ce font *Saintes & Angoulême* ; du Poitou c'eft *Poitiers* ; de l'Aunis c'eft *la Rochelle* ; & de la Bretagne c'eft *Rennes.* Il aura cinq jettons.

GOUVERNEMENS DU CIRCUIT.

D. Quels font les Gouvernemens du circuit de la France ? — *R.* Il y en a trois au Nord, *la Normandie, la Picardie & la Flandre Françoife* ; fix à l'Orient, *la Lorraine, l'Alface, la Franche-Comté, la Bourgogne, le Lyonnois & le Dauphiné* ; cinq au Midi, *la Provence, le Languedoc, le Rouffillon, Foix, & le Béarn* ; & cinq à l'Occident, *la Guienne, la Saintonge & l'Angoumois, le Poitou, l'Aunis & la Bretagne.* — *D.* Quelles font leurs villes capitales ? — *R.* Voyez Leçons II, III, IV, & V. Il gagnera dix-neuf jettons.

LEÇON VI.

IL y a quatre Gouvernemens du milieu de la France au Nord, qui font, L'ANJOU, *capitale* Angers ; LE MAINE, *capitale* le Mans ; L'ORLÉANOIS, *capitale* Orléans ; & L'ISLE DE FRANCE, *capitale* Paris.

Préparatifs du Jeu, & valeur des boules.

On ajoutera dans le fac les boules *Angers*, *le Mans*, *Orléans* & *Paris*, qui vaudront chacune un jetton. Enfin la boule *Gouvernemens du milieu au Nord*, qui vaudra quatre jettons pour les quatre Gouvernemens. (1)

Explication des boules, & commencement de la Partie.

A celui qui aura la boule ANGERS.

D. De quel Gouvernement *Angers* eſt-il la capitale? — *R.* De l'Anjou. — *D.* Qu'eſt-ce que l'Anjou? — *R.* C'eſt un Gouvernement du dedans de la France au Nord. ✠

LE MANS.

D. De quel Gouvernement *le Mans* eſt-il la capitale? — *R.* Du Maine. — *D.* Qu'eſt-ce que le Maine? — *R.* C'eſt un Gouvernement du dedans de la France au Nord. ✠

ORLÉANS.

D. De quel Gouvernement *Orléans* eſt-il la capitale? — *R.* De l'Orléanois. — *D.* Qu'eſt-ce

---

(1) Si l'on craignoit de rendre la Partie trop longue, on pourroit ne laiſſer ſubſiſter dans le fac que les lots des parties précédentes, en ôtant les boules ſimples. Les Inſtituteurs ſentiront d'eux-mêmes qu'ayant enlevé (comme nous avons inculqué au commencement de la première partie) les Bornes & les Gouvernemens du circuit à meſure que les Enfans les auront expliqués, le Tableau de cette ſixième Partie ne préſentera que les douze morceaux des Gouvernemens du milieu qui reſtent à connoître. Les bornes & les Gouvernemens du circuit ne ſerout vus que ſur la Carte emblématique ou ſecond Tableau élémentaire.

que l'Orléanois ? = *R.* C'est un Gouvernement du dedans de la France au Nord. ✠

PARIS.

D. De quel Gouvernement *Paris* est-il la capitale ? = *R.* De l'Isle de France & du Royaume. = *D.* Qu'est-ce que l'Isle de France ? = *R.* C'est un Gouvernement du dedans de la France au Nord. ✠ (1)

GOUVERNEMENS DU MILIEU AU NORD.

D. Quels sont les Gouvernemens du milieu au Nord ? = *R.* Ce sont *l'Anjou*, *le Maine*, *l'Orléanois*, & *l'Isle de France.* = *D.* Quelles sont leurs capitales ? = *R.* De l'Anjou, c'est *Angers* ; du Maine, c'est *le Mans* ; de l'Orléanois, *Orléans* ; & de l'Isle de France, *Paris.* Il aura quatre jettons.

LEÇON VII.

Il y a quatre Gouvernemens du milieu de la France au Couchant, qui sont : LE LIMOUSIN, capitale Limoges ; LA MARCHE, Gueret ; LE BERRI, capitale Bourges ; & LA TOURAINE, capitale Tours.

Préparatifs du Jeu, & valeur des boules.

On ajoutera dans le sac les boules *Limoges,*

---

(1) Celui qui aura la boule *Paris* gagnera les amendes de ceux qui auront mal répondu à leur boule.

Guéret, *Bourges* & *Tours*, qui vaudront chacune un jetton. Enfin la boule *Gouvernemens du milieu au Couchant*, qui vaudra quatre jettons pour ces quatre Gouvernemens.

Explication des boules, & commencement de la Partie.

A celui qui aura la boule LIMOGES.

D. De quel Gouvernement *Limoges* est il la capitale ? — *R.* Du Limousin. — *D.* Qu'est-ce que le Limousin ? — *R.* C'est un Gouvernement du milieu de la France à l'Occident. ✠

G U É R E T.

D. De quel Gouvernement *Gueret* est-il la capitale ? — *R.* De la Marche. — *D.* Qu'est-ce que la Marche ? — *R.* C'est un Gouvernement du dedans de la France à l'Occident. ✠

B O U R G E S.

D. De quel Gouvernement *Bourges* est-il la capitale ? — *R.* Du Berri. — *D.* Qu'est-ce que le Berri. — *R.* C'est un Gouvernement du dedans de la France à l'Occident. ✠

T O U R S.

D. De quel Gouvernement *Tours* est-il la capitale ? — *R.* De la Touraine. — *D.* Qu'est-ce que la Touraine ? — *R.* C'est un Gouvernement du dedans de la France au Couchant. ✠

GOUVERNEMENS DU MILIEU AU COUCHANT.

D. Quels font les Gouvernemens du milieu de la France au Couchant ? — *R.* Ce font le *Limousin*, la *Marche*, *le Berri* & la *Touraine*. — *D.* Quelles

font leur capitales ? — *R.* Du Limoufin, *Limo-*
ges ; de la Marche, *Guéret* ; du Berri, *Bourges* ; &
de la Touraine , *Tours.* Il aura quatre jettons.

LEÇON VIII.

*Il y a quatre Gouvernemens du milieu de
la France à l'Orient, ce font : la CHAMPAGNE,
capitale* Troyes ; *LE NIVERNOIS, capitale* Nevers ; *LE BOURBONNOIS, capitale* Moulins ;
& L'AUVERGNE , capitale Clermont.

Préparatifs du Jeu, & valeur des Boules.

On ajoutera dans le fac les boules *Troyes ,*
Nevers, Moulins & *Clermont* , qui vaudront chacune un jetton. Plus la boule *Gouvernemens du*
milieu à l'Orient, qui vaudra quatre jettons pour
ces quatre Gouvernemens. Plus la boule *Gou-*
vernemens du milieu , qui vaudra douze jettons
pour les douze Gouvernemens du milieu de la
France. Enfin la boule *Gouvernemens de la France* ,
qui vaudra trente-un jettons, pour les trente-un
Gouvernemens de la France. (Cette boule eft
le gros lot *du Jeu des Gouvernemens.*)

Explication des boules , & commencement
de la Partie.

A celui qui aura la boule TROYES.
D. De quel Gouvernement *Troyes* eft-il la
capitale ? — *R.* De la Champagne. — *D.* Qu'eft-ce

que la Champagne? — *R.* C'eſt un Gouvernement du dedans de la France à l'Orient. ✠

N E V E R S.

D. De quel Gouvernement *Nevers* eſt-il la capitale ? — *R.* Du Nivernois. — *D.* Qu'eſt-ce que le Nivernois ? — *R.* C'eſt un Gouvernement du dedans de la France à l'Orient. ✠

M O U L I N S.

D. De quel Gouvernement *Moulins* eſt-il la capitale ? — *R.* Du Bourbonnois. — *D.* Qu'eſt-ce que le Bourbonnois ? — *R.* C'eſt un Gouvernement du dedans de la France à l'Orient. ✠

C L E R M O N T.

D. De quel Gouvernement *Clermont* eſt-il la capitale ? — *R.* De l'Auvergne. — *D.* Qu'eſt-ce que l'Auvergne ? — *R.* C'eſt un Gouvernement du dedans de la France à l'Orient. ✠

GOUVERNEMENS DU MILIEU A L'ORIENT.

D. Quels ſont les Gouvernemens du dedans de la France à l'Orient ? — *R.* Ce ſont la *Champagne*, le *Nivernois*, le *Bourbonnois*, & l'*Auvergne*. *D.* Quelles ſont leurs capitales ? — *R.* De la Champagne, c'eſt *Troyes*; du Nivernois, *Nevers*; du Bourbonois, *Moulins*; & de l'Auvergne, *Clermont*. Il aura quatre jettons.

GOUVERNEMENS DU MILIEU.

D. Quels ſont les Gouvernemens du milieu de la France ? — *R.* Quatre ſont au Nord, *l'Anjou*, le *Maine*, *l'Orléanois*, *l'Iſle de France*. Quatre ſont à l'Orient, *la Champagne*, *le Nivernois*, *le Bourbonnois*, & *l'Auvergne* ; & quatre ſont au Couchant, *le Limousin*, *la Marche*, *le Berri* & *la Touraine*. == *D.* Quelles sont leurs ca-capitales? == *R.* Voyez Leçons VI, VII & VIII. Il gagnera douze jettons.

G O U V E R N E M E N S.

D. Combien y a-t-il de Gouvernemens dans la France ? == *R.* Il y en a trente-un, savoir, dix-neuf au circuit & douze au milieu ; c'est ce que marquent ces deux vers :

Dans la France mettez trente-un Gouvernemens,
Dix-neuf sont à l'entour, douze sont au dedans.

D. Quelle figure forment les Gouvernemens du circuit ? = *R.* Ils forment une espéce de quarré, où le reste du Royaume est renfermé. = *D.* Quel ordre peut-on se faire pour marquer la situation des Gouvernemens du milieu ? = *R.* Il ne faut que se figurer une espèce de triangle, dont une pointe est au Midi, vers les confins de l'Auvergne & du Limousin, & placer quatre Gouvernemens sur chaque côté du triangle.

D. Comment divisez-vous les dix-neuf Gouvernemens d'alentour ? = *R.* En quatre parties, par rapport à l'Orient, au Midi, à l'Occident & au Septentrion. Voyez II, III, IV & V Leçons. == *D.* Quels sont les douze Gouvernemens du milieu de la France ? == *R.* Voyez l'explication de cette boule ci-dessus, & les VI, VII & VIII Leçons. Il aura trente-un jettons.

DIFFÉRENTES MANIÈRES

D'EXERCER LES ENFANS

SUR LE JEU

DES GOUVERNEMENS.

LES Enfans, par l'exercice des Parties précédentes, auront affez clairement diftingué les différens Gouvernemens, ainfi que leurs capitales; on peut les exercer d'une manière très-propre à fixer avec plus de précifion & de clarté, la fituation refpective de chaque Gouvernement, & rendre, par conféquent, leur jeu plus intéreffant & plus inftructif.

PREMIER EXERCICE.

Jeu des Gouvernemens à cafes vuides.

Tous les morceaux du premier Tableau élémentaire fe trouvant enlevés fucceffivement dans les parties précédetnes, il ne reftera fur la table que la carte emblématique, ou fecond tableau élémentaire.

On mettra dans le fac toutes les boules de ce Jeu, au nombre de cinquante-trois, & l'on fera jouer aux éléves une partie générale des Gouvernemens de la France : ils expliqueront ces boules comme ils l'ont fait dans les parties antécédentes.

Cet exercice, comme on le voit, exige nécef-
fairement une notion parfaite de la figure & de
la pofition de chaque Gouvernement, puifqu'elles
deviennent les feuls indices de leur nom. Ainfi,
s'il arrivoit que l'enfant plaçât la boule *Pau* fur
la cafe vuide de l'*Alface*, ou la boule *Foix* fur
la cafe vuide du *Rouffillon*, il payeroit un jetton.
Ce fera un moyen fûr de graver profondément
dans fa mémoire la pofition & la figure de chaque
Gouvernement.

Ce jeu fera appellé *Jeu des Gouvernemens, à
cafes vuides*.

DEUXIÉME EXERCICE.

Jeu des Gouvernemens fucceffifs ou contigus.

Laiffant fubfifter fur la table le *fecond Tableau
élémentaire*, ou à cafes mattes, on mettra
feulement dans le fac les trente-une boules qui
indiquent les capitales des Gouvernemens de la
France; & l'on jouera de la manière fuivante.

PARIS fera toujours le point fixe du départ
pour les trente autres Gouvernemens; l'Eléve
qui aura la boule d'un de ces Gouvernemens,
fera obligé de nous dire dans combien de Gouvernemens il voyagera en fe rendant de *Paris* à
la *Capitale* indiquée par la boule; il gagnera
autant de jettons qu'il aura nommé de Provinces
fucceffives pour y arriver.

Pour la boule *Amiens*, le banquier demandera
combien de Gouvernemens faut-il parcourir en
fe rendant de Paris à Amiens? Le joueur répon-

dra : deux, l'Ifle de France d'où je pars, & la Picardie où j'arrive. Il aura deux jettons.

T R O Y E S.

D. Combien de Gouvernemens faut-il parcourir en fe rendant de Paris à *Troyes* ? = *R.* Deux, l'Ifle de France d'où je pars, & la Champagne où j'arrive. Il aura deux jettons.

O R L É A N S.

D. Combien de, &c. ? = *R.* Deux, l'Ifle de France (*a*), (1) & l'Orléanois; (*c*) il aura deux jettons.

L E   M A N S.

D. Combien de, &c. ? = *R.* Deux, l'Ifle de France (*a*), & le Maine; (*c*) il aura deux jettons.

R O U E N.

D. Combien de, &c. ? *R.* Deux, l'Ifle de France, (*a*) & la Normandie (*c*); il aura deux jettons.

D I J O N.

D. Combien de, &c. ? = *R.* Trois, l'Ifle France, (*a*) la Champagne, (*b*) & la Bourgogne (*c*) il aura trois jettons.

N E V E R S.

D. Combien de, &c. ? = *R.* Trois, l'Ifle de France, (*a*) l'Orléanois, (*b*) & le Nivernois; (*c*) il lui revient trois jettons.

---

(1) (*a*) Signifie, *d'où je pars.*
(*b*) Signifie, *par où je paffe.*
(*c*) Signifie, *où j'arrive.*

BOURGES.

D. Combien de Gouvernemens faut-il parcourir en se rendant de Paris à *Bourges* ? = *R.* Trois, l'Isle de France, (*a*) l'Orléanois, (*b*) & le Berri (*c*) ; il aura trois jettons.

TOURS.

D. Combien de, &c ? = *R.* Trois, l'Isle de France, (*a*), l'Orléanois, (*b*) & la Tourraine ; (*c*) il aura trois jettons.

ANGERS.

D. Combien de, &c. ? = *R.* Trois, l'Isle de France, (*a*) le Maine, (*b*) & l'Anjou (*c*) ; il aura trois jettons.

LILLE.

D. Combien de, &c. ? = *R.* Trois, l'Isle de France, (*a*) la Picardie, (*b*) & la Flandre Françoise (*c*) ; il aura trois jettons.

NANCI.

D. Combien de, &c. ? = *R.* Trois, l'Isle de France, (*a*) la Champagne, (*b*) & la Lorraine ; (*c*) il aura trois jettons.

BESANÇON.

D. Combien de, &c. ? = *R.* Trois, l'Isle de France, (*a*) la Champagne, (*b*) & la Franche-Comté (*c*) ; il aura trois jettons.

STRASBOURG.

D. Combien de Gouvernemens faut-il parcourir en se rendant de Paris à *Strasbourg*, *R.* Quatre, l'Isle de France, (*a*) la Champagne, la Lorraine, (*b*) & l'Alsace (*c*) ; il aura quatre jettons.

MOULINS.

MOULINS.

D. Combien de, &c. ? = *R.* Quatre, l'Isle de France, (*a*) l'Orléanois, le Nivernois (*b*), & le Bourbonnois (*c*); il aura quatre jettons.

GUERET.

D. Combien de, &c. ? = *R.* Quatre, l'Isle de France (*a*), l'Orléanois, le Berri (*b*), & la Marche (*c*); il aura quatre jettons.

POITIERS.

D. Combien de, &c. ? = *R.* Quatre, l'Isle de France (*a*), l'Orléanois, la Touraine (*b*), & le Poitou (*c*); il aura quatre jettons.

RENNES.

D. Combien de, &c. ? = *R.* Quatre, l'Isle de France (*a*), la Normandie, le Maine (*b*), & la Bretagne (*c*); il aura quatre jettons.

LYON.

D. Combien de, &c. ? = *R.* Quatre, l'Isle de France (*a*), la Champagne, la Bourgogne (*b*), & le Lyonnois (*c*); il aura quatre jettons.

CLERMONT.

D. Combien de, &c. ? = *R* Cinq, L'Isle de France (*a*), l'Orléanois, le Nivernois, le Bourbonnois (*b*), & l'Auvergne (*c*); il aura cinq jettons.

LIMOGES.

D. Combien de, &c. ? = *R.* Cinq, l'Isle de France (*a*), l'Orléanois, le Berri, la Marche (*b*) & le Limousin (*c*); il aura cinq jettons.

C

SAINTES.

D. Combien de, &c.? = *R.* Cinq, l'Isle de France (*a*), l'Orléanois, la Touraine, le Poitou (*b*), & la Saintonge (*c*); il aura cinq jettons.

LA ROCHELLE.

D. Combien de, &c.? = *R.* Cinq, l'Isle de France (*a*), l'Orléanois, la Touraine, le Poitou (*b*), & l'Aunis (*c*); il aura cinq jettons.

GRENOBLE.

D. Combien de, &c.? = *R.* Cinq, l'Isle de France (*a*), la Champagne, la Bourgogne, le Lyonnois (*b*), & le Dauphiné (*c*); il aura cinq jettons.

AIX.

D. Combien de, &c.? = *R.* Six, l'Isle de France (*a*), la Champagne, la Bourgogne, le Lyonnois, le Dauphiné (*b*), & la Provence (*c*); il aura six jettons.

BORDEAUX.

D. Combien de, &c.? = *R.* Six, l'Isle de France (*a*), l'Orléanois, la Touraine, le Poitou, la Saintonge (*b*), & la Guienne (*c*); il aura six jettons.

TOULOUSE.

D. Combien de, &c.? = *R.* Sept, l'Isle de France (*a*), l'Orléanois, le Berri, la Marche, le Limousin, la Guienne (*b*), & le Languedoc (*c*); il aura sept jettons.

PAU.

D. Combien de, &c.? = *R.* Sept, l'Isle de France (*a*), l'Orléanois, le Berri, la Marche,

le Limoufin, la Guienne (*b*), & le Béarn (*c*);
il aura fept jettons.

PERPIGNAN.

D. Combien de, &c.? = *R*. Sept, l'Ifle de
France (*a*), l'Orléanois, le Nivernois, le Bour-
bonnois, l'Auvergne, le Languedoc (*b*), & le
Rouffillon (*c*); il aura fept jettons.

FOIX.

D. Combien de, &c.? = *R*. Huit, l'Ifle de
France (*a*), l'Orléanois, le Berri, la Marche,
le Limoufin, la Guienne, le Languedoc (*b*), &
Foix (*c*); il aura huit jettons.

PARIS.

Cette boule n'ayant aucune route à faire, gagnera les jettons des amendes; on accordera en
outre dix jettons à celui qui l'aura tirée, s'il
voyage, fans fe tromper, jufqu'à l'endroit indiqué par le Banquier.

Cette deuxiéme manière de jouer fera appellée
Jeu des Gouvernemens contigus ou fucceffifs.

TROISIEME EXERCICE.

Jeu des Gouvernemens environnans ou limitrophes.

Avec les trente-une boules des Gouvernemens
& le fecond *Tableau élémentaire*, comme dans la
partie précédente, l'Eléve fera obligé de dire
par combien de Gouvernemens, celui, dont il a
tiré la capitale, eft borné; il aura autant de jet-

tons qu'il nommera de Gouvernemens environ-nans ou limitrophes. Par exemple : à celui qui aura la boule *Paris*, on demandera : Quels font les Gouvernemens qui bornent l'Isle de France ?

R. Cinq, favoir, l'Orléanois, le Maine, la Normandie, la Picardie & la Champagne. Il aura cinq jettons.

Pour la boule *Pau.* = *D.* Quels font les Gouvernemens qui bornent le Béarn ? = *R.* Un feul, favoir, la Guienne. Il aura un jetton.

Nous allons indiquer la valeur des boules, fuivant cette troifiéme manière de jouer.

Boule qui gagne un jetton.

Pau ou le *Béarn*, environné par la Guienne.

Boules qui gagnent deux jettons.

Lille ou la *Flandre Françoife*, environnée par la Champagne & la Picardie.

Strasbourg ou l'*Alface*, environnée par la Franche-Comté & la Lorraine.

Aix ou la *Provence*, environnée par le Dauphiné & le Languedoc.

Perpignan ou le *Rouffillon*, environné par le Languedoc & Foix.

La Rochelle ou l'*Aunis*, environné par le Poitou & la Saintonge.

Boules qui gagnent trois jettons.

Nanci ou la *Lorraine*, environnée par l'Alface, la Franche-Comté & la Champagne.

Foix ou le *Comté de Foix*, environné par le Languedoc, le Rouffillon & la Guienne.

Boules qui gagnent quatre jettons.

Nevers ou le *Nivernois*, environné par l'Orléanois, la Bourgogne, le Bourbonnois & le Berri.

Angers ou *l'Anjou*, environné par le Maine, la Touraine, le Poitou & la Bretagne.

Limoges ou le *Limousin*, environné par la Marche, l'Auvergne, la Guienne & la Saintonge.

Rouen ou *la Normandie*, environnée par la Picardie, l'Isle de France, le Maine & la Bretagne.

Amiens ou *la Picardie*, environnée par la Flandre Françoise, la Champagne, l'Isle de France & la Normandie.

Besançon ou *la Franche Comté*, environnée par l'Alsace, la Lorraine, la Champagne & la Bourgogne.

Grenoble ou *le Dauphiné*, environné par la Bourgogne, le Lyonnois, le Languedoc & la Provence.

Rennes ou *la Bretagne*, environnée par la Normandie, le Maine, l'Anjou & le Poitou.

Boules qui gagnent cinq jettons.

Paris ou *l'Isle de France*, environnée par l'Orléanois, le Maine, la Normandie, la Picardie & la Champagne.

Bourges ou *le Berri*, environné par l'Orléanois, le Nivernois, le Bourbonois, la Marche & la Touraine.

Tours ou *la Touraine*, environnée par l'Orléanois, le Berri, le Poitou, l'Anjou & le Maine.

Guéret ou *la Marche*, environnée par le Berri, l'Auvergne, le Limousin, la Saintonge & le Poitou.

Lyon ou *le Lyonnois*, environné par la Bourgogne, le Bourbonnois, l'Auvergne, le Languedoc & le Dauphiné.

Moulins ou *le Bourbonnois*, environné par le

Nivernois, la Bourgogne, le Lyonnois, l'Auvergne & le Berri.

Saintes ou *la Saintonge* & *l'Angoumois*, environnés par l'Aunis, le Poitou, la Marche, le Limousin & la Guienne.

Boules qui gagnent six jettons.

Le Mans ou *le Maine*, environné par l'Isle de France, l'Orléanois, la Touraine, l'Anjou, la Bretagne & la Normandie.

Bordeaux ou *la Guienne*, environnée par l'Angoumois ou la Saintonge, le Limousin, l'Auvergne, le Languedoc, Foix & le Béarn.

Boules qui gagnent sept jettons.

Orléans ou *l'Orléanois*, environné par la Champagne, la Bourgogne, le Nivernois, le Berri, la Touraine, le Maine & l'Isle de France.

Troyes ou *la Champagne*, environnée par l'Isle de France, la Picardie, la Flandre Françoise, la Lorraine, la Franche-Comté, la Bourgogne & l'Orléanois.

Clermont ou *l'Auvergne*, environnée par le Bourbonnois, le Lyonnois, le Languedoc, la Guienne, le Limousin, la Marche & le Berri.

Dijon ou *la Bourgogne*, environnée par la Franche-Comté, la Champagne, l'Orléanois, le Nivernois, le Bourbonnois, le Lyonois & le Dauphiné.

Toulouse ou *le Languedoc*, environné par la Provence, le Dauphiné, le Lyonnois, l'Auvergne, la Guienne, Foix & Roussillon.

Poitiers ou *le Poitou*, environné par la Bretagne, l'Anjou, la Touraine, le Berri, la Marche, la Saintonge & l'Aunis.

Cette troisiéme manière de jouer fera appellée, *jeu des Gouvernemens environnans ou limitrophes.*

Fin du Jeu des Gouvernemens.

JEU
DES RIVIÈRES.

LEÇON PREMIÈRE.

LA France a quatre grands *Fleuves, favoir,*
la Seine, *dont la fource eft en Bourgogne,
& l'embouchure dans la Manche ; le* Rhône,
*dont la fource eft en Suiffe, & l'embouchure
dans la Méditerrannée ; la* Loire, *dont la
fource eft en Languedoc, & l'embouchure dans
l'Océan ; la* Garonne, *dont la fource eft en
Efpagne près des Pyrennées, & l'embouchure
dans l'Océan.*

Préparatifs du Jeu, & valeur des Boules.

On placera le premier *Tableau élémentaire* fur
le fecond, comme dans la première Leçon des
Gouvernemens. On mettra dans le Sac les quatre
boules *Seine, Rhône, Loire* & *Garonne.* Quoique
ces boules foient marquées du n° 4, elles ne vaudront qu'un jetton chacune dans cette Partie.

C 4

Explication des boules & commencement de la Partie.

A celui qui aura la boule SEINE.

D. Où prend-elle sa source ? = *R.* En Bourgogne près de S.-Seine. (1) = *D.* Où est son embouchure ? = *R.* Dans la Manche, en Normandie au Hâvre-de-Grâce. ✠

RHÔNE.

D. Où prend-il sa source ? = *R.* En Suisse, dans l'extrémité orientale du Valais. = *D.* Où est son embouchure ? = *R.* Dans la Méditerrannée, en Provence, à 10 lieues au midi d'Arles. ✠

LOIRE.

D. Où prend-elle sa source ? = *R.* En Languedoc, dans le Vivarais, sur les confins du Vélay. = *D.* Où est son embouchure ? = *R.* Dans l'Océan, à Pimbeuf, en Bretagne. ✠

GARONNE.

D. Où prend-elle sa source ? = *R.* En Arragon, dans l'Espagne, près des Pyrennées. = *D.* Où est son embouchure ? = *R.* Dans l'Océan en Guienne, à 20 lieues au-dessous de Bordeaux, après s'être jointe à la Dordogne, à Bourg au bec d'Ambez, elle prend le nom de Gironde jusqu'à la mer. ✠

---

(1) Nous nommons des endroits qui ne sont pas écrits sur le Tableau de ce Jeu, pour exciter les Enfans à consulter souvent, & avec fruit, la carte détaillée de la France.

LEÇON II.

*C*HACUN *des quatre grands Fleuves de la France reçoit trois Rivières principales : la Seine reçoit l'Yonne, la Marne & l'Oise ; le Rhône reçoit la Saone, l'Isère & la Durance ; la Loire reçoit l'Allier, la Vienne & le Loir ; la Garonne reçoit le Tarn, le Lot & la Dordogne.*

Préparatifs du Jeu & valeur des Boules.

On laissera dans le sac les quatre boules *Seine, Rhône, Loire & Garonne*, qui deviennent des lots de quatre jettons, savoir, un pour elles & trois pour les principales Rivières que chacune d'elles reçoit. On ajoutera dans le sac les douze boules *Yonne, Marne, Oise, Saone, Isère, Durance, Allier, Vienne, Loir, Tarn, Lot* & *Dordogne ;* elles vaudront un jetton chacune.

Explication des boules, & commencement de la Partie.

A celui qui aura la boule YONNE.

D. Où prend-elle sa source ? = *R.* En Bourgogne, aux Montagnes du Morvant, près du Château de Chinon qui est sur les limites du Nivernois. = *D.* Où se jette t elle ? = *R.* Dans la Seine, à Montereau, à 17 lieues au-dessus de Paris. ✠

LA MARNE.

D. Où prend-elle sa source ? = *R* En Champagne, près de Langres. = *D.* Où se jette-t elle ?

R. Dans la Seine au-deffous de Charenton près de Paris. ✠

L'O I S E.

D. Où prend-elle fa fource ? = *R.* Entre la Flandre & la Champagne, ou au-deffous des Ardennes fur les confins du Hainaut. *D.* Où fe jette-t-elle ? = *R.* Dans la Seine au-deffous de Pointoife. ✠

LA S E I N E.

D. Source & embouchure ? = *R.* Voyez Leçon I. = *D.* Quelles font les principales rivières qui fe jettent dans la Seine ? = *R.* Ce font l'Yonne, la Marne & l'Oife. Il aura quatre jettons.

LA S A O N E.

D. Où prend-elle fa fource ? = *R.* Aux Monts de Vofge, chaîne de Montagnes qui fépare l'Alface & la Franche-Comté de la Lorraine. *D.* Où fe jette-t-elle ? = *R.* Dans le Rhône, à Lyon. ✠

L'I S È R E.

D. Où prend-elle fa fource ? = *R.* Dans le Mont d'Iférano en Savoye. = *D.* Où fe jette-t-elle ? = *R.* Dans le Rhône, à deux lieues au-deffus de Valence. ✠

LA D U R A N C E.

D. Où prend-elle fa fource ? = *R.* En Dau-

N. B. Si l'on veut exercer les Enfans davantage, on les obligera de nous dire la fource, &c. de chacune de ces Rivières, & alors on leur fera gagner plus de jettons : cette régle fera générale pour ce jeu.

phiné, sur les confins des Alpes. ⸗ *D.* Où se jette-t-elle ? ⸗ *R.* Dans le Rhône, à une lieue au-dessous d'Avignon. ✚

LE RHÔNE.

D. Source & embouchure ? ⸗ *R.* Voyez Leçon I. ⸗ *D.* Quelles sont les principales Rivières qu'il reçoit ? ⸗ *R.* Ce sont, la Saone, l'Isère & la Durance. Il aura quatre jettons.

L'ALLIER.

D. Où prend-il sa source ? ⸗ *R.* Dans le Gévaudan, en Languedoc. ⸗ *D.* Où se jette-il ? *R.* Dans la Loire, à une lieue au-dessous de Nevers. ✚

LA VIENNE.

D. Où prend-elle sa source ? ⸗ *R.* Dans le bas Limousin. ⸗ *D.* Où se jette-t-elle ? ⸗ *R.* Dans la Loire, à Claude en Touraine. ✚

LE LOIR.

D. Où prend-il sa source ? ⸗ *R.* Dans le Perche, entre l'Orléanois & le Maine. ⸗ *D.* Où se jette-il ? ⸗ *R.* Dans la Loire avec la Mayenne & la Sarte, au-dessous d'Angers. ✚.

LA LOIRE.

D. Source & embouchure, &c. ? ⸗ *R.* Voyez Leçon I. ⸗ *D.* Quelles sont les principales Rivières qu'elle reçoit ? ⸗ *R.* Ce sont l'Allier, la Vienne & le Loir. Il aura quatre jettons.

LE TARN.

D. Où prend-il sa source ? ⸗ *R.* En Languedoc dans le Gévaudan. ⸗ *D.* Où se jette t-il ?

R. Dans la Garonne, au-deſſous de Montauban en Guienne. ✠.

LE LOT.

D. Où prend-il ſa ſource ? = *R.* En Languedoc dans le Gévaudan, au-deſſus de Mende. = *D.* Où ſe jette-t-il ? = *R.* Dans la Garonne, à Aiguillon, en Guienne. ✠

LA DORDOGNE.

D. Où prend-elle ſa ſource ? = *R.* Au Mont d'Or, dans la baſſe Auvergne. = *D.* Où ſe jette-t-elle ? = *R.* Dans la Garonne, au bec d'Ambez, près du Bourg ſur mer, en Guienne. ✠

LA GARONNE.

D. Source & embouchure, &c. ? = *R.* Voyez Leçon I. = *D.* Quelles ſont les principales Rivières qu'elle reçoit ? = *R.* Ce ſont, le Tarn, le Lot & la Dordogne. Il aura quatre jettons.

LEÇON III.

*L*A France a ſix petits Fleuves qui ſe jettent dans la mer, & qui ſont remarquables par les Villes qu'ils arroſent ; ce ſont : la Somme, l'Orne, la Vilaine, la Charente, l'Adour & l'Aude.

Préparatifs du Jeu & valeur des Boules.

On ajoutera dans le ſac les boules *Somme, Orne, Vilaine, Charente, Adour* & *Aude*, qui valent un jetton chacune. Plus la boule *Rivières*, qui vaudra vingt-deux jettons, pour les vingt-deux Rivières dont on vient de parler.

*Explication des boules, & commencement
de la Partie.*

A celui qui aura la boule SOMME.

D. Où prend-elle sa source ? = *R.* En Picardie près de Saint-Quentin. = *D.* Quelles sont les Villes qu'elle arrose dans son cours ? = *R.* Ce sont, *Péronne, Amiens* & *Abbeville* en Picardie. *D.* Où est son embouchure ? = *R.* Dans la Manche entre Crotoi & S.-Valery. ✠

L'ORNE.

D. Où prend-elle sa source ? = *R.* En Normandie, près de Seez. = *D.* Quelle est la Ville remarquable qu'elle arrose ? = *R.* Caen. = *D.* Où est son embouchure ? = *R.* Dans la Manche, à trois lieues au-dessous de Caen en Normandie. ✠

LA VILAINE.

D. Où prend-elle sa source ? = *R.* Dans le Maine, sur les confins de la Bretagne = *D.* Quelle ville remarquable arrose-t-elle ? = *R.* Rennes. *D.* Où est son embouchure ? = *R.* Dans l'Océan, vis-à-vis l'Isle de May. ✠

LA CHARENTE.

D. Où prend-elle sa source ? = *R.* Dans l'Angoumois, sur les confins du Limousin. = *D.* Quelles sont les principales Villes qu'elle arrose ? *R.* Ce sont, *Sivray, Angoulême, Cognac, Saintes* & *Rochefort.* = *D.* Où est son embouchure ? *R.* En Aunis, vis-à-vis l'Isle d'Oléron, dans l'Océan. ✠

L'ADOUR.

D. Où prend-elle sa source ? = *R.* Au pied

des Pyrennées dans le Bigorre. = *D.* Quelles font les principales Villes qu'elle arrofe? = *R.* Ce font, *Bagnères, Tarbe, Aire, Acqs* & *Bayonne.* = *D.* Où eft fon embouchure? = *R.* En Guienne, dans l'Océan, entre Saint-Jean-de-Luz & les Landes. ✠

L'AUDE.

D. Où prend-elle fa fource? = *R.* Aux Pyrennées, entre le Rouffillon & Foix. = *D.* Quelles font les Villes principales qu'elle arrofe? *R.* Ce font, *Aleth, Carcaffonne* & *Béziers*; elle fait fon tour au Sud du Canal de Languedoc, qui joint la Méditerannée à l'Océan. = *D.* Où fe jette-t-elle? = *R.* Dans la Méditerannée, par deux embouchures, entre Narbonne & Agde, dans le Languedoc. ✠

RIVIÈRES.

D. Combien la France en a-t-elle? = *R.* Elle en a un très-grand nombre; nous en avons choifi vingt-deux principales, dont quatre grands fleuves qui reçoivent chacun trois fortes Rivières, & fix petits fleuves remarquables par les Villes qu'ils arrofent. Ces Rivières ont été l'objet des trois Parties précédentes, dont voici l'abrégé dans ces vers:

La SEINE reçoit l'Oife & la Marne & l'Yonne;

Le RHÔNE, la Durance & l'Isère & la Saone;

La LOIRE prend l'Allier, Vienne & Loir; en Gafcogne

La GARONNE a le Tarn, le Lot & la Dordogne.

La *Somme* arrofe Amiens, & l'Orne arrofe Caen,

La *Vilaine*, en Bretagne, a Rennes, Parlement.

La *Charente* eft à Saintes; à Bayonne eft l'Adour,

L'*Aude* vers le Canal & Béziers fait fon tour.

Celui qui aura ainsi satisfait à cette boule, qui est le gros-lot *du Jeu des Rivières*, gagnera vingt-deux jettons.

DIFFÉRENTES MANIÈRES

D'EXERCER LES ENFANS

SUR LE JEU DES RIVIÈRES.

PREMIER EXERCICE.

On jouera sur le second *Tableau élémentaire* ou *emblématique*, les trois Parties que nous venons de faire. Comme ce Tableau n'indique ni le nom des Rivières, ni celui des Gouvernemens par où elles passent, les Enfans sont obligés de se les rappeller. On s'assûrera, par ce moyen, qu'ils ont des idées claires de ce qu'on leur a enseigné.

SECOND EXERCICE.

On exigera que les Enfans suivent les Rivières, depuis leur source jusqu'à l'endroit où elles se jettent, soit dans un fleuve, soit dans la mer, & on leur fera nommer tous les Gouvernemens par où chacune d'elles passe ; ils auront autant de jettons qu'ils auront nommé de Gouvernemens, comme il suit.

Boules qui gagnent un jetton.

LA SOMME.

D. Combien de Gouvernemens traverfe *la Somme ?* = *R.* Un, qui eft la *Picardie*, où elle prend fa fouce, & d'où elle va fe perdre dans la Manche.

L'ORNE.

D. Combien de Gouvernemens *l'Orne* traverfe-t-elle ? = *R.* Un, qui eft la *Normandie*, où elle a fa fource, & d'où elle va fe jetter dans la Manche.

LA VILAINE.

D. Combien de , &c. ? = *R.* Un, qui eft la *Bretagne*, (*a*). & (*c*) dans l'Océan.

L'AUDE.

D. Combien de &c. ? = *R.* Un, qui eft le *Languedoc*, (*a*). & (*c*) dans la Méditérannée.

Boules qui gagnent deux jettons.

L'ADOUR.

D. Combien de , &c. ? = *R.* Deux, le *Béarn* par où il paffe, & la Guienne (*a*). & (*c*) dans l'Océan.

L'OISE.

D. Combien de , &c. ? = *R.* Deux, la *Picardie* (*a*) & *l'Ifle de France*. (*c*) dans la Seine.

---

(1) (*a*) où elle prend fa fource.
(*c*) où elle va fe perdre.

LA MARNE.

LA MARNE.

D. Combien de, &c.? = *R.* Deux, la Champagne (*a*), & l'Isle de France, (*c*) dans la Seine.

LE LOT.

D. Combien de , &c.? = *R.* Deux, le Languedoc (*a*), & la Guienne, (*c*) dans la Garonne.

L'ISÈRE.

D. Combien de, &c.? = *R.* Deux, la Savoye, (*a*), & le Dauphiné, (*c*) dans le Rhône.

Boules qui gagnent trois jettons.

L'YONNE.

D. Combien de Gouvernemens l'Yonne arroset-elle ? = *R.* Trois, le Nivernois (*a*), la Bourgogne (*b*) & la Champagne, (*c*) dans la Seine.

LE LOIR.

D. Combien de Gouvernemens arrose-t-il? = *R.* Trois, le Maine, (*a*) l'Orléanois (*b*), & l'Anjou, (*c*) dans la Loire.

LA DURANCE.

D. Combien de, &c.? = *R.* Trois, la Savoie, (*a*), le Dauphiné (*b*), & la Provence, (*c*) dans le Rhône.

Boules qui gagnent quatre jettons.

LA SEINE.

D. Combien de, &c.? = *R.* Quatre, la Bourgogne (*a*) la Champagne, l'Isle de France (*b*), & la Normandie, (*c*) dans la Manche.

(*b*) désigne, par où elle passe, ou qu'elle cotoye.

D

L'ALLIER.

D. Combien de, &c. ? = *R.* Quatre, le Languedoc (*a*), l'Auvergne, le Bourbonnois (*b*), & le Nivernois, (*c*) dans la Loire.

LA VIENNE.

D. Combien de, &c. ? = *R.* Quatre, le Limousin (*a*), la Marche, le Poitou (*b*) & la Touraine, (*c*) dans la Loire.

Boules qui gagnent cinq jettons.

LA CHARENTE.

D. Combien de, &c ? = *R.* Cinq, le Limousin (*a*), la Saintonge, la Marche, le Poitou (*b*), & l'Aunis, (*c*) dans l'Océan.

LA GARONNE.

D. Combien de, &c. ? = *R.* Cinq, l'Espagne (*a*), la Guienne, le Languedoc, la Saintonge (*b*), & l'Aunis, (*c*) dans l'Océan.

Boule qui gagne six jettons.

LE RHÔNE.

D. Combien de, &c. ? = *R.* Six, la Suisse (*a*), la Bourgogne, le Lyonnois, le Dauphiné, le Languedoc (*b*), & la Provence, (*c*) dans la Méditerrannée.

Boule qui gagne onze jettons.

LA LOIRE.

D. Combien de, &c. ? = *R.* Onze, le Languedoc (*a*), le Lyonnois, la Bourgogne, le Bourbonnois, le Nivernois, le Berri, l'Orléanois,

Ŀ Touraine, le Poitou, l'Anjou (*b*), & la Bretagne, (*c*) dans l'Océan.

Boule qui gagne vingt-deux jettons.

RIVIÈRES.

On aura droit d'exercer celui qui aura tiré
cette boule, fur toutes les Rivières; &, s'il ne
fe trompe point en nommant les Gouvernemens
que chacune d'elles traverfe, depuis fa fource
jufqu'à l'endroit où elle fe jette, foit dans un
fleuve, foit dans la mer, il aura vingt-deux
jettons.

Fin du Jeu des Rivières.

J E U

DES PARTICULARITÉS

DE LA FRANCE.

AVERTISSEMENT.

On ne se propose point ici d'indiquer toutes les Particularités de la France. Cet Ouvrage immense ne peut pas être l'objet d'une Méthode élémentaire. Nous-nous bornons à faire mention de ce qu'il y a de plus intéressant dans chaque Gouvernement, & à en nommer les Villes les plus remarquables, dont la connoissance est nécessaire pour mieux saisir l'Histoire de France; à laquelle cette méthode de Géographie sert d'Introduction. Les Instituteurs multiplieront les demandes de ce jeu, suivant les connoissances géographiques qu'ils voudront donner à leurs Eléves. On a adopté les vers artificiels de la *Géographie du P. Buffier*, comme très-propres à soulager la mémoire.

LEÇON UNIQUE.

Différentes *Villes remarquables de chaque Gouvernement ; principaux endroits arrosés par les vingt-deux Rivières ; Petits Gouvernemens de la France ; Eaux minérales ; Parlemens ; Ports de mer ; Archevêchés.*

Préparatifs du Jeu, & valeur des Boules.

On placera sur la table le troisiéme *Tableau élémentaire.* Avant que de commencer cette dernière Partie, il est nécessaire qu'on sache expliquer au moins huit ou dix boules. On augmentera leur nombre, à mesure qu'on en connoîtra l'explication. La valeur de ces boules se trouvera indiquée dans la *Table*, à la fin de ce jeu.

Explication des boules, & commencement
de la Partie.

MÉDITERRANNÉE.

D. Combien la *Méditerrannée* baigne-t-elle de Gouvernemens ? = *R.* Trois, la Provence, le Languedoc & le Roussillon. = *D.* Quelles sont les Rivières principales qu'elle reçoit ? = *R.* Ce sont le Rhône & l'Aude. = *D.* Nommez les Isles principales de la Méditerrannée qui appartiennent à la France ? = *R.* Ce sont l'Isle de Corse, dont la capitale est Bastie ; celles d'Hières, &c. ✠

---

(1) Cette marque ✠ dans cette Partie signifie : il aura une fiche.

D 3

OCÉAN.

D. Combien l'*Océan* baigne-t-il de Gouvernemens ? = *R.* Cinq, savoir, la Guienne, la Saintonge, l'Aunis, le Poitou & la Bretagne. = *D.* Quelles sont les principales Rivières qu'il reçoit ? *R.* Cinq, savoir, l'Adour, la Garonne, la Charente, la Loire & la Vilaine. = *D.* Nommez les Isles principales de l'Océan qui appartiennent à la France ? = *R.* Ce sont Oléron, l'Isle de Ré, Belle-Isle, &c. ✠

MANCHE.

D. Combien la Manche baigne-t-elle de Gouvernemens ? = *R.* Trois, la Normandie, la Picardie & la Flandre-Françoise. = *D.* Quelles sont les principales Rivières qu'elle reçoit ? = *R.* Trois la Somme, la Seine & l'Orne. = *D.* La Manche a-t-elle des Isles qui appartiennent à la France ? *R.* Aucune de bien remarquable. ✠

MERS.

Celui qui aura cette boule expliquera les trois mers ci-dessus, & il aura trois fiches.

SAVOYE.

D. Qu'est-ce que la Savoie ? = *R.* C'est un Duché considérable dont la capitale est Chamberri ; elle est voisine de la Principauté de Piémont dont la capitale est Turin. = *D.* Quels Gouvernemens borne-t-elle ? = *R.* Ce sont la Bourgogne par le midi de la Bresse, le Dauphiné & la Provence. ✠

SUISSE.

D. Qu'est-ce que la Suisse ? = *R.* C'est une République composée de treize Cantons. = *D.*

Combien borne-t-elle de Gouvernemens ? =
R. Trois, fçavoir, la Bourgogne par le Nord-eft
de la Breffe, la Franche-Comté & l'Alface. ✠

PAYS-BAS.

D. Qu'eft-ce que les Pays-Bas ? = *R.* Ce font
des Provinces au Septentrion & à l'Orient de la
France, & les plus confidérables de fes Frontières.
D. Quels font les Gouvernemens bornés par les
Pays-Bas ? = *R.* Ce font la Flandre Françoife, la
Champagne & la Lorraine. ✠

FRONTIÈRES.

Celui qui aura cette boule expliquera les trois
Frontières, comme ci-deffus, & il aura trois
fiches.

ESPAGNE.

D. Qu'eft-ce que l'Efpagne ? = *R.* C'eft un
Royaume au Midi de la France, dont la capitale
eft Madrid. = *D.* Quels font les Gouvernemens
bornés par l'Efpagne ? = *R.* Ce font la Guienne,
le Béarn, Foix & Rouffillon. ✠

ANGLETERRE.

D. Queft-ce que l'Angleterre ? = *R.* C'eft un
Royaume dont la capitale eft Londres; Douvres
eft la Ville d'Angleterre la plus proche de la
France; elle n'en eft éloignée que de fept lieues
par la partie de la Manche qu'on appelle *Pas-de-
Calais.* ✠

ROYAUMES VOISINS.

Celui qui aura cette boule expliquera les deux
Royaumes comme ci-deffus, & il aura deux
fiches.

D 4

BORNES DE LA FRANCE.

Celui qui aura cette boule expliquera, comme ci-dessus, les huit bornes de la France, qui sont trois Mers, trois Frontières & deux Royaumes. Il aura huit fiches.

ROUEN.

(Rouen, capitale de la Normandie, est sur la rivière de Seine.)

D. Comment divise-t-on la Normandie ? = *R.* En *haute* & en *basse*. La *haute*, à l'Orient, comprend trois diocèses, savoir, Rouen, Lisieux & Evreux, auquel on peut ajouter le pays de Caux, dont la capitale est *Caudebec*.

La *basse* comprend quatre diocèses, savoir, Séez, vers le Perche, Avranche, vers la Bretagne, Coutances, vers la Mer, & Bayeux, vers le Septentrion.

D. Quelles sont les autres Villes de la Normandie ? = *R.* Ce sont Dieppe, le Havre-de-Grâce, Caën, Cherbourg, Alençon, &c. ✠

AMIENS.

(Amiens, capitale de la Picardie, est sur la Somme.)

D. Comment divise-t-on la Picardie ? = *R.* En *haute*, *moyenne* & *basse*. La *haute* comprend le Vermandois, capitale S.-Quentin ; la Thiérache, capitale Guise.

La *moyenne* comprend l'Amiennois, capitale Amiens ; le Santerre, capitale Péronne.

La *basse* comprend le Pays reconquis, capitale Calais ; le Boulonnois, capitale Boulogne ; le Ponthieu, capitale Abbeville ; le Vimeux, capitale S.-Valeri. Elle a de plus Mondidier, &c.

Nota. Entre la Flandre Françoife, & la Picardie eft l'ARTOIS, capitale ARRAS, fur la rivière de Scarpe ; ce Gouvernement a huit petits Bailliages, fçavoir, S.-Omer, Aire, Béthune, Bapeaume, Hefdin, Lens, S.-Pol & Lillers. ✠

L I L L E.

(Lille, capitale de la Flandre Françoife, eft fur la Deule.)

D. Comment divife-t-on la Flandre Françoife ?
R. En Flandre Françoife proprement dite, capitale Lille; en Cambréfis, capitale Cambrai; & en Hainaut, capitale Valenciennes. La Flandre a de plus Dunkerque, Caffel, Douay, &c. ✠

GOUVERNMENS DU CIRCUIT AU NORD.

Celui qui aura cette boule, fera obligé de dire les vers de la mémoire artificielle, où font indiquées la plupart des Villes des Gouvernemens du circuit de la France au Nord, favoir :

Rouen en Normandie, Hâvre avec Dieppe, Evreux,
Alençon & Lifieux, Caen diftrict de Bayeux.
Amiens avec Péronne en haute Picardie,
S.-Quentin, Montdidier, dans la baffe partie.
Abbeville, Boulogne & Calais fur la mer,
L'Artois renferme Arras, Hefdin & S.-Omer.
Les Pays-Bas François ont Lille avec Douay,
Valenciennes en Hainaut, au Cambréfis Cambrai.
Il aura trois fiches.

S T R A S B O U R G.

Strasbourg, capitale de l'Alface, eft fur l'Ill, qui fe perd dans le Rhin.)

D. Comment divife-t-on l'Alface ? ⹀ *R.* En

haute, capitale Colmar; en *baſſe*, capitale Strasbourg, & en Sundgaw, capitale Beffort. L'Aſace
a de plus Landau, Haguenau, Briſſack, Hunin-
gue, le Fort-Louis, &c. ✠

N A N C I.

(Nanci, capitale de la Lorraine, eſt ſur la Meurte, qui ſe
jette dans la Moſelle.)

D. Comment diviſe-t-on la Lorraine ? = *R.* En
Duché de Lorraine, capitale Nanci; en Duché
de Bar, capitale Bar-le-Duc; en trois Evêchés,
Metz, Toul & Verdun. La Lorraine a de plus
Pont-à-Mouſſon, Lunéville, Epinal, Plombières,
&c. ✠

B E S A N Ç O N.

(Beſançon, capitale de la Franche-Comté, eſt ſur le Doux,
qui ſe jette dans la Saone.)

D. Comment diviſe-t-on la Franche-Comté ?
R. En quatre grands Bailliages ce ſont, celui
d'Amont, qui renferme Grai-ſur-Saone; celui de
Beſançon; celui de Dole; celui d'Aval ou de Salins, vers le milieu de la Province. ✠

D I J O N.

(Dijon, capitale de la Bourgogne, eſt entre les petites rivières d'Ouche & de Suzon.)

D. En combien de Pays diviſe-t-on la Bourgogne ? = *R.* En Pays de la Montagne, capitale
Chatillon-ſur-Saone; en Auxerrois, capitale Auxerre; en Auxois, capitale Sémur, en Autunois,
capitale Autun; en Châlonnois, capitale Châlons-
ſur-Saone; en Charolois, capitale Charole; en
Mâconnois, capitale Mâcon; en Breſſe, capitale
Bourg; en Bugey, capitale Belley; en la Prin-

cipauté de Dombes , capitale Trévoux. Elle a de plus Beaune, &c. ✠.

L Y O N.

(Lyon, capitale du Lyonnois, est sur la Saone & le Rhône.)

D. Comment divise-t-on le Lyonnois? ⸗ *R.* En trois cantons, qui font le Lyonnois, capitale Lyon ; le Forez. capitale Montbrison ; le Beaujolois, capitale Ville-Franche. ✠

G R E N O B L E.

(Grenoble, capitale du Dauphiné, est sur l'Isère.)

D. Comment divise-t-on le Dauphiné? ⸗ *R.* En *haut* qui le sépare des Montagnes de la Savoie, & en *bas* vers la Provence & le long du Rhône.

Le *haut* Dauphiné comprend le Graisivaudan, capitale Grenoble ; le Royanez, capitale Pont de Royan, le Briançonnois, capitale Briançon ; l'Embrunois, capitale Embrun ; le Gapençois, capitale Gap ; les Baronnies, capitale Buys.

Le *bas*, comprend le Viennois, capitale Vienne ; le Diois, capitale Die ; le Valentinois, capitale Valence ; le Tricastin, capitale S.-Paul-Trois-Châteaux.

On remarque dans le Dauphiné la grande Chartreuse, où prit naissance la première Maison des Chartreux. ✠

GOUVERNEMENS DU CIRCUIT A L'ORIENT.

Celui qui aura cette boule, dira :

En Alsace Strasbourg, le Fort-Louis, Landau, Colmar, Hagueneau, Brisach, Hunningue au Sundgaw.

La Lorraine a Nanci, Metz, Toul, Verdun, Marsal, Bar, près Pont-à-Mousson, Lunéville, Epinal ;

Dans la Comté Salins, Grai, Dole, Besançon ;
En Bourgogne Dijon, Beaune, Auxerre, Mâcon.
Lyon au Lyonnois ; Grenoble, Embrun, Valence ;
Et Vienne en Dauphiné ; Chartreuse y prit naissance.

Il aura six fiches.

A I X.

(Aix, capitale de la Provence, est près de la petite rivière
d'Arc.)

D. Comment divise-t-on la Provence ? $=$ *R.*
En *haute*, vers le Septentrion, & en *basse* vers le
Midi sur la Méditerrannée.

La *haute* comprend six Diocèses, ce sont : Apt,
Sisteron, Digne, Riez, Sénez & Glandéves.

La *basse* en a sept, ce sont : Arles, Aix, Marseille, Toulon, Fréjus, Grasse, Vence. La Provence a de plus Orange, Avignon, Carpentras,
Vaison, &c. ✠.

T O U L O U S E.

(Toulouse, capitale du Languedoc, est sur la Garonne.)

D. Comment divise-t-on le Languedoc ? $=$
R. En *haut*, en *bas* & en *Cévennes*.

Le *haut* comprend neuf Diocèses, dont deux
à l'Occident, Toulouse & une partie de celui
de Montauban ; un au Nord, Albi ; deux dans le
milieu, Lavaur & Castres ; un au Sud-Ouest,
Rieux ; deux au midi, Mirepoix & S.-Papoul ;
un renfermé en partie dans la Gascogne au Sud-
Ouest, Comminges.

Le *bas* a onze Diocèses, deux au Midi, Aleth,
& Carcassonne ; un au bord du Canal, S.-Pont ;
quatre près de la Méditerrannée, Narbonne,

Béziers; Agde, Montpellier; un au Nord-Ouest de Montpellier, Lodève; trois à l'Occident du Rhône qui font Nîmes, Alès & Uzès.

Les *Cévennes* renferment trois pays : le Gévaudan, capitale Mende; le Vivarais, capitale Viviers; & le Vélay, capitale le Puy. ✠

PERPIGNAN.

(Perpignan, capitale du Roussillon, est sur le Tet, qu'on passe sur un beau Pont, & sur la Bosse.)

D. Que peut-on observer sur le Roussillon ? *R.* On observe qu'il est écarté des autres Gouvernemens du Royaume ; qu'il avance vers la mer & vers les montagnes des Pyrennées. ✠

FOIX ou PAMIERS.

(Foix ou Pamiers, capitale de Foix, font sur l'Ariége.)

D. Comment divise-t-on le Gouvernement de Foix ? ＿ *R.* En Comté de Foix proprement dit, capitale Foix ; & en Comté de Pamiers, capitale Pamiers. ✠

PAU.

(Pau, capitale du Béarn, est sur une hauteur au pied de laquelle passe le Gare Béarnois.)

D. Comment divise-t-on le Béarn ? ＿ *R.* En Béarnois proprement dit, capitale Pau ; & en Basse Navarre, capitale S.-Jean-pied-de-port, sur la rivière de Nive. ✠

GOUVERNEMENS DU CIRCUIT AU MIDI.

Celui qui aura cette boule dira :

La Provence au Midi, tient Aix, Arles & Marseille ;
Et Toulon, dont le port du siécle est la merveille ;

Orange en eſt encore ; le Comtat d'Avignon
Eſt au Pape & comprend Carpentras & Vaiſon.
Touloule au Languedoc, Narbonne avec Béziers,
Montpellier, Nîmes, Uzès ; au Vivarais Viviers ;
Le Puy dans le Vélay, Mende eſt au Gévaudan,
Lodève, Albi Primat, l'Intendant Montauban ;
L'écarté Rouſſillon pour ville a Perpignan ;
Foix, Pamiers ; le Béarn a Pau ſon Parlement.

Il aura cinq fiches.]

B O R D E A U X.

(Bordeaux, capitale de la Guienne, eſt ſur la Garonne.)

D. Comment diviſe-t-on la Guienne ? = *R.* En Guienne proprement dite, & en Gaſcogne.

La *Guienne* comprend le Bazadois, capitale Bazas ; le Périgord, capitale Périgueux ; l'Agénois, capitale Agen, le Querci, capitale Cahors ; le haut Comté de Rouergue, capitale Rodès ; le bas Comté de Rouergue, capitale Milhaud.

La *Gaſcogne* comprend le pays d'Auch & d'Armagnac, capitale Auch ; le Condomois, capitale Condom ; les Landes, capitale Acqs ; la Chaloſſe propre, capitale S.-Séver ; le Labour & le Baſque, capitale Bayonne ; le Bigorre, capitale Tarbes ; le Comminges, capitale S.-Bertrand ; le Conſerans, capitale S.-Lizier. ✠

S A I N T E S & A N G O U L Ê M E.

(Saintes, capitale de la Saintonge, eſt ſur la Charente ; & Angoulême, capitale de l'Angoumois, eſt ſur le ſommet d'une montagne environnée de rochers, & au pied de laquelle coule la Charente.)

D. Comment diviſe-t-on la Saintonge ? =

R. En Saintonge proprement dite, capitale Saintes; & en Angoumois, capitale Angoulême. ✠

LA ROCHELLE.

(La Rochelle, capitale de l'Aunis, est sur l'Océan.)

D. Quelles sont les principales Villes de l'Aunis ? ⸗ *R.* Ce sont Brouage, Rochefort, &c. ✠

POITIERS.

(Poitiers, capitale du Poitou, est sur la rivière de Clain.)

D. Comment divise-t-on le Poitou ? ⸗ *R.* En
haut vers l'Orient, capitale Poitiers ; & en *bas*
vers la Mer, capitale Fontenay-le-Comte. Le bas
Poitou a aussi Niort, &c. ✠

RENNES.

(Rennes, capitale de la Bretagne, est sur la Vilaine.)

D. Comment divise-t-on la Bretagne ? ⸗ *R.* En
haute vers l'Orient, & en *basse* vers l'Occident.

La *haute* a cinq Evêchés, savoir : Rennes à
l'Orient ; Nantes au Midi ; S.-Malo, Dole & S.-
Brieux au Nord.

La *basse* a quatre Evêchés, qui sont Vannes &
Quimper, au Midi ; S.-Pol-de-Léon & Tréguier,
au Nord.

On y trouve aussi Brest, Port-Louis, &c. ✠

GOUVERNEMENS DU CIRCUIT A L'OCCIDENT.

Celui qui aura cette boule dira :

Dans la Guienne, Bordeaux, Périgueux & Cahors ;
Rodès, Auch, & Bayonne en sont comme les bords ;
Dedans Bazas, Agen, Condom en Condomois.
Saintes avec Angoulême, en Saintonge-Angoumois.

La Rochelle en Aunis, Brouage & Rochefort.
Dans l'abondant Poitou font Poitiers & Niort.
Rennes & Nantes en Bretagne & Vannes & Port-Louis;
Quimper, Breft & fon Port, S.-Malo font compris.

Il aura cinq fiches.

GOUVERNEMENS DU CIRCUIT.

Celui qui aura cette boule dira tous les vers des dix-neuf Gouvernemens du circuit de la France ; favoir : *Rouen en Normandie, &c. En Aiface Strasbourg, &c. La Provence au midi, &c. Dans la Guienne Bordeaux, &c.* & il aura dix-neuf fiches.

A N G E R S.

(Angers, capitale de l'Anjou, eft fur le Loir.)

D. Comment divife-t-on l'Anjou ? = *R.* En *haut*, au Septentrion, capitale Angers : & en *bas*, au midi, capitale Saumur. ✠

L E M A N S.

(Le Mans, capitale du Maine, eft fur une colline près de la Sarte.)

D. Comment divife-t-on le Maine ? = *R.* En *haut*, vers le Septentrion, capitale le Mans ; en *bas*, vers le Midi, capitale Mayenne ; & en *Perche*, capitale Mortagne ou Belefme. ✠

O R L É A N S.

(Orléans, capitale de l'Orléanois, eft fur la Loire.)

D. Comment divife-t-on l'Orléanois ? = *R.* En Beauce, capitale Chartres ; en Vendomois, capitale Vendôme ;

Vendôme; en Dunois, capitale Châteaudun; en Blaifois, capitale Blois; en Gâtinois-Orléanois, capitale Montargis. ✠

PARIS.

(Paris, capitale de l'Ifle de France, eft fur la Seine.)

D. Combien de petits Pays comprend l'Ifle de France? *R.* Seize, favoir : l'Ifle de France proprement dite, capitale Paris; la Brie françoife, capitale Brie-Comte-Robert ; le Gâtinois françois, capitale Melun; le Hurepoix, capitale Dourdan ; le Mantois, capitale Mantes; le Vexin, capitale Pontoife; le Beauvoifis, capitale Beauvais; le Valois, capitale Crépi ; le Soiffonnois, capitale Soiffons; le Laonnois, capitale Laon.

On trouve de plus dans l'ifle de France, Compiégne, Noyon, Senlis, S.-Denys, S.-Germain, Verfailles, &c. ✠

GOUVERNEMENS DU MILIEU AU NORD.

Celui qui aura cette boule dira :
Angers eft de l'Anjou. Dans le Maine eft le **Mans** ;
Et dans l'Orléannois, Chartres, Blois, Orléans.
L'Ifle de France tient Paris ; puis au contour
Melun, Mantes, Beauvais diftants chacun d'un jour ;
Compiégne avec Noyon, Laon, Soiffons & Senlis,
S.-Denys, S.-Germain, Verfailles vers Paris.

Il aura quatre fiches.

TROYES.

(Troyes, capitale de la Champagne, eft fur la Seine.)

D. Comment divife-t-on la Champagne?
R. En *haute*, capitale Rheims; en *baffe*, capitale

Troyes ; & en *Brie Champenoise*, qui se subdivise en *haute*, capitale Meaux ; en *basse*, capitale Provins ; & *en Brie Pouilleuse*, capitale Château-Thierri.

On compte encore dans la Champagne, Sédan, Châlons, Langres, Sens. &c. ✠

N E V E R S.

(Nevers, capitale du Nivernois, est sur la Loire où se jette l'Allier.)

D. Divise t-on ordinairement ce Gouvernement ? *R.* Non : les Géographes ne le subdivisent point, à cause de sa petite étendue. ✠

M O U L I N S.

(Moulins, capitale du Bourbonnois, est sur l'Allier.)

D. Comment divise-t-on le Bourbonnois ? *R.* En *haut* vers l'Orient, capitale Moulins ; & en *bas* vers l'Occident, capitale Mont-Luçon.

Le Bourbonnois a de plus Vichi, Bourbon, &c. ✠

C L E R M O N T.

(Clermont, capitale de l'Auvergne, près de la montagne Gergoie.)

D. Comment se divise l'Auvergne ? *R.* En *haute* au midi, capitale S.-Flour ; & en *basse* au Septentrion, capitale Clermont. ✠

GOUVERNEMENS DU MILIEU A L'ORIENT.

Celui qui aura cette soule dira :

La Champagne avec Troyes, a Rheims Duché, Sédan,

Chalons, Langres & Sens & jusqu'à Meaux s'étend.

Au Nivernois, Nevers ; Moulins, Vichi Bourbon

Sont dans le Bourbonnois ; dans l'Auvergne est Clermont.

Il aura quatre fiches.

LIMOGES.

(Limoges, capitale du Limousin, est sur la Vienne.)

D. Comment divise-t-on le Limousin ? = *R.* En *haut* vers le septentrion, capitale Limoges ; & en *bas* au midi, capitale Tulles. ✠

GUÉRET.

(Guéret, capitale de la Marche, est sur la Gartampe.)

D. Comment se divise la Marche ? = *R.* En *haute* à l'Orient, capitale Guéret ; & en *basse* à l'Occident, capitale Dorat. ✠

BOURGES.

(Bourges, capitale du Berri, est sur les rivières d'Aurun & d'Yerre, presqu'au centre de toute la France.)

D. Comment se divise le Berri ? = *R.* En *haut*, capitale Bourges ; & en *bas*, capitale Issoudun. ✠

TOURS.

(Tours, capitale de la Touraine, est entre les rivières Loire & Cher.

D. Comment se divise la Touraine ? = *R.* En *haute* au nord, capitale Tours ; & en *basse* au midi, capitale Amboise. ✠

GOUVERNEMENS DU MILIEU AU COUCHANT.

Celui qui aura cette boule dira :

Limoges en Limousin ; la Marche peu fertile,
Vers Guéret entretient une Fabrique utile.
Bourges dans le Berri, qui fait valoir sa laine.
Le jardin de la France a Tours dans la Touraine.

Il aura quatre fiches.

GOUVERNEMENS DU MILIEU.

Celui qui aura cette boule, nommera les Villes principales des douze Gouvernemens du milieu de la France, suivant les vers ci-dessus ; savoir, *Angers est dans l'Anjou*, &c. &c. &c. Il aura douze fiches.

GOUVERNEMENS.

Celui qui aura cette boule dira :

Dans la France comptez trente-un Gouvernemens ;
Dix-neuf sont au circuit, douze sont au-dedans.

Ensuite il nommera les principales Villes de ces trente un Gouvernemens du circuit & du milieu ensemble, suivant les quarante-huit vers ci-dessus. Il aura trente-une fiches.

PETITS GOUVERNEMENS.

D. Combien y a-t il de petits Gouvernemens, & quels sont-ils ? = *R.* Il y en a huit, savoir, la ville de *Paris* & son territoire ; le *Saumurois* en Anjou ; le *Havre-de-Grace* en Normandie ; le *Boulonnois* en Picardie ; *Sédan* sur les frontières de la Champagne ; *Metz*, *Toul* & *Verdun*, trois villes de la Lorraine. Ils sont indiqués dans ces deux vers :

Paris, Metz, Toul, Verdun, Boulogne, Havre, Sédan
Et Saumur font chacun seul un Gouvernement.

D. Pourquoi ces huits petits Gouvernemens sont-ils séparés des autres ? = *R.* Parce qu'ils ont un Gouverneur particulier qui ne reçoit des ordres que du Roi. Il aura huit fiches.

LA SEINE.

D. Quelles font les principales Villes par où paffe la *Seine?* = *R.* Ce font en Bourgogne, *Châtillon* & *Bar-fur-Seine*; en Champagne, *Troyes* & *Méry*, où elle porte bateau; dans l'Ifle de France, *Montereau*, où elle reçoit l'Yonne; *Melun*, *Paris*, où elle reçoit la Marne, *S. Germain*, près de *Pontoife*, où elle reçoit l'Oife; en Normandie, *Rouen*, *Caudebec* & *le Havre*, où elle débouche.

D. Par où paffe chacune des trois Rivières que la Seine reçoit? = *R.* L'Yonne paffe à *Auxerre* en Bourgogne & à *Sens* en Champagne; la Marne paffe, dans la Champagne, à *Chaumont*, à *Joinvile*, à *Saint-Dizier*, à *Vitry-le-François*, à *Chalons* & à *Château Thierri*; l'Oife paffe à *Guife*, & à *la Ferre*, en Picardie, à *Noyon*, à *Compiégne*, & à *Pontoife*, dans l'Ile de France. Il aura quatre fiches.

LA LOIRE.

D. Quelles font les principales Villes par où paffe *la Loire?* = *R.* Ce font dans le Lyonnois, *Feurs* & *Roanne*, où elle eft navigable; dans le Nivernois, *Nevers*, où elle reçoit l'Allier; dans l'Orléannois, *Gien*, *Orléans*, *Beaugency* & *Blois*; dans la Touraine, *Amboife* & *Tours*; dans l'Anjou, *Saumur* après avoir reçu la Vienne; dans la Bretagne à *Ancenis*, après avoir reçu le Loir, *Nantes* & *Pimbœuf*, où elle débouche.

D. Par où paffe chacune des trois Rivières principales que *la Loire* reçoit? = *R.* L'Allier paffe à *Brioude*, à *Vichi*, dans l'Auvergne, & à *Moulins* dans le Bourbonnois; la Vienne paffe à *Limoges* dans le Limoufin, à *Confolens* dans la

Marche, à *Chatellerault* dans le Poitou, & à *Chinon* dans la Touraine; & le Loir paffe à *Chaudun*, à *Vendôme* dans l'Orléanois, à la *Fléche* & à *Angers* dans l'Anjou. Il aura quatre fiches.

LE RHÔNE.

D. Quelles font les principales Villes par où paffe le *Rhône* ? ⁓ *R.* Ce font dans la Suiffe à *Sion*, (elle y traverfe le Lac de Genève); dans la Bourgogne à *Seyffel*, où elle eft navigable; dans le Lyonnois à *Lyon*, où elle reçoit la Saone, dans le Dauphiné à *Vienne*, à *Valence*, après avoir reçu l'Isère; dans le Languedoc à *Viviers*, & le *S.-Efprit*, à *Avignon*, où il reçoit la Durance; & dans la Provence à *Arles*.

D. Par où paffe chacune des trois Rivières principales que *le Rhône* reçoit? ⁓ *R.* La Saône paffe en Bourgogne à *Verdun*, à *Châlons* & à *Mâcon*, & dans le Lyonnois à *Trévoux* & à *Lyon*; l'Isère paffe dans le Dauphiné à *Grenoble* & à *Romans*; la Durance paffe dans le Dauphiné à *Briançon* & à *Embrun*. Il aura quatre fiches.

LA GARONNE.

D. Quelles font les principales Villes par où paffe *la Garonne*? ⁓ *R.* Ce font, dans la Guienne, *S.-Bertrand*, *Muret*; dans le Languedoc, *Touloufe*; dans la Guienne, *Agen*, après avoir reçu le Tarn, *Aiguillon*, où elle reçoit le Lot, *la Réole*, *Bordeaux*, *Bourg*, où elle reçoit la Dordogne, & *Blaye*.

D. Par où paffe chacune des trois Rivières principales que la *Garonne* reçoit ? ⁓ *R.* Le Tarn paffe en Languedoc à *Albi* ; dans la Guienne à *Montauban*; le Lot paffe dans le Languedoc à

Mende; dans la Guienne, à *Cahors* & à *Villeneuve*; la Dordogne paſſe dans le Limouſin à *Argentic*; & dans la Guienne à *Bergerac* & à *Libourne*. Il aura quatre fiches.

RIVIÈRES.

Celui qui aura cette boule dira :

La SEINE reçoit l'Oiſe & la Marne & l'Yonne ;
Le RHÔNE, la Durance & l'Iſère & la Saone ;
La LOIRE prend l'Allier, Vienne & Loir ; en Gaſcogne
La GARONNE a le Tarn, le Lot & la Dordogne.

La *Somme* arroſe Amiens, & l'Orne arroſe Caen,
La *Vilaine*, en Bretagne, a Rennes, Parlement.
La *Charente* eſt à Saintes ; à Bayonne eſt l'Adour,
L'*Aude* vers le Canal & Béziers fait ſon tour.

Il gagnera vingt deux fiches.

PORTS DE MERS.

D. Combien la France a-t-elle de Ports de Mers, & comment les diviſe-t-on ? = *R.* Elle en a dix-ſept, ſavoir ; ſur la Manche : dans la Flandre Françoiſe, *Dunkerque* & *Gravelines* ; en Picardie *Calais* & *Boulogne* ; en Normandie, *Dieppe* & le *Havre*.

Sur l'Océan : en Bretagne, *S.-Malo*, *Breſt*, *l'O-rient*, & le *Port-Louis* ; dans l'Aunis, *La Rochelle* & *Rochefort* ; en Guienne, *Bordeaux*, *Bayonne* & *S.-Jean-de-Luz*.

Sur la Méditerrannée : en Languedoc, *Cette* ; & en Provence, *Marſeille* & *Toulon*. Il aura dix-ſept fiches.

EAUX MINÉRALES.

D. Combien y a-t-il d'Eaux minérales remarquables en France ? = *R.* Il en a huit, favoir : trois au Nord, *Forges* dans la haute Normandie ; *Plombières*, au midi de la Lorraine ; *Bourbonne-les-Bains*, près de Langres en Champagne ; deux au dedans, *Bourbon-l'Archambault*, près Moulins en Bourbonnois, & *Vichi*, fur l'Allier ; enfin trois au Midi, *Bagnères*, *Baréges*, dans le Bigorre près les Monts Pyrennées en Gafcogne ; & *Balaruc*, près de Montpellier en Languedoc. Il aura huit fiches.

ARCHEVÊCHÉS.

D. Combien y a-t-il d'Archevêchés en France & quelles font les Villes Métropolitaines ? = *R.* Il y en a dix-huit, favoir, *Befançon*, *Embrun*, *Toulouse*, *Auch*, *Cambrai*, *Paris*, *Lyon*, *Aix*, *Narbonne*, *Bordeaux*, *Rheims*, *Bourges*, *Vienne*, *Arles*, *Albi*, *Rouen*, *Sens* & *Tours*. Il aura dix-huit fiches.

PARLEMENTS.

D. Quels font les Villes où l'on a érigé des Parlements ? = *R.* Les voici en deux vers :

Rennes, Rouen, Paris, Metz, Nanci, Befançon,
Douai, Toulouse, Bordeaux, Pau, Grenoble, Aix, Dijon.

Il aura treize fiches.

PARTICULARITÉS.

D. Quelles font les particularités les plus remarquables qui nous reftent à connoître de la France, après avoir reconnu les grands Gouvernemens & les Rivières ? $=$ *R.* Ce font les petits Gouvernemens, les Eaux Minérales, les Ports de Mers, les Archevêchés, &c. &c. &c.

L'Éléve fera tenu d'expliquer les *Particularités* fur lefquelles fon voifin ou l'Inftituteur lui fera la demande, & il aura cinquante-une fiches.

FRANCE.

Celui qui aura cette boule, qui eft le gros lot de la Partie, fera une récapitulation de la Géographie de la France, de la manière fuivante :

Dans la France mettez trente-un Gouvernemens ;
Dix-neuf font à l'entour ; douze font au dedans.

Des dix-neuf Gouvernemens du circuit, trois font au Nord.

Rouen en Normandie. Hâvre avec Dieppe, Evreux
Alençon & Lifieux, Caen, diftrict de Bayeux.
Amiens avec Péronne en haute Picardie,
S.-Quentin, Montdidier, dans la baffe partie.
Abbeville, Boulogne & Calais fur la mer,
L'Artois renferme Arras, Hefdin & S.-Omer.
Les Pays-bas François ont Lille avec Douay,
Valenciennes en Hainaut, au Cambréfis Cambrai.

Six à l'Orient.

En Alface Strasbourg ; le Fort-Louis, Landau,
Colmar, Hagueneau, Briffack, Hunningue au Sundgaw.
La Lorraine a Nanci, Metz, Toul, Verdun, Marfal,
Bar, près Pont-à-Mouffon, Lunéville, Epinal ;
Dans la Comté, Salins, Grai, Dole, Befançon ;
En Bourgogne, Dijon, Beaune, Auxerre, Mâcon.
Lyon au Lyonnois ; Grenoble, Embrun, Valence,
Et Vienne en Dauphiné ; Chartreufe y prit naiffance.

Cinq au Midi.

La Provence, au midi, tient Aix, Arles & Marseille;
Et Toulon, dont le Port du siécle est la merveille.
Orange en est encore; le Comtat d'Avignon
Est au Pape, & comprend Carpentras & Vaison.
Toulouse au Languedoc, Narbonne avec Béziers,
Montpellier, Nîmes, Uzès; au Vivarais Viviers;
Le Puy dans le Vélay, Mende est au Gévaudan,
Lodéve, Albi Primat, l'Intendant Montauban;
L'écarté Roussillon pour ville a Perpignan.
Foix, Pamiers; le Béarn a Pau son Parlement.

Cinq à l'Occident.

Dans la Guienne, Bordeaux, Périgueux & Cahors;
Rodès, Auch & Bayonne en sont comme les bords
Dedans, Bazas, Agen, Condom en Condomois.
Saintes avec Angoulême, en Saintonge Angoumois.
La Rochelle en Aunis, Brouage & Rochefort.
Dans l'abondant Poitou sont Poitiers & Niort.
Rennes & Nantes en Bretagne & Vannes & Port-Louis.
Quimper, Brest & son Port, S.-Malo sont compris.

Des douze Gouvernemens du milieu, quatre sont au Nord.

Angers est de l'Anjou. Dans le Maine est le Mans;
Et dans l'Orléannois, Chartres, Blois, Orléans.
L'Isle de France tient Paris; puis au contour
Melun, Mantes, Beauvais distans chacun d'un jour;
Compiégne avec Noyon, Laon, Soissons & Senlis,
S.-Denys, S.-Germain, Versailles vers Paris.

Quatre à l'Orient.

La Champagne avec Troyes, a Rheims Duché, Sédan;
Châlons, Langres & Sens & jusqu'à Meaux s'étend.

Au Nivernois, Nevers ; Moulins, Vichi , Bourbon ,
Sont dans le Bourbonnois ; dans l'Auvergne est Clermont.

Quarre à l'Occident.

Limoges en Limousin ; la Marche peu fertile ,
Vers Guéret entretient une Fabrique utile.
Bourges dans le Berri , qui fait valoir sa laine.
Le Jardin de la France a Tours dans la Touraine.

Outre les trente-un grands Gouvernemens ,
il y en a huit petits qui n'ont guères qu'une
Ville & son territoire , ce sont :

Paris, Metz Toul, Verdun, Boulogne, Havre, Sédan ,
Et Saumur font chacun seul un Gouvernement.

Les quatre plus grands Fleuves du Royaume avec trois des plus considérables Rivières qui se jettent en chacun , sont.

La Seine reçoit l'Oise & la Marne & l'Yonne ;
Le Rhône, la Durance & l'Isère & la Saone ;
La Loire prend l'Allier , Vienne & Loir ; en Gascogne
La Garonne a le Tarn , le Lot & la Dordogne.

Six moindres fleuves qui se jettent dans la
mer avec la principale Ville qu'ils
arrosent.

La Somme arrose Amiens, & l'Orne arrose Caen ,
La Vilaine, en Bretagne, a Rennes, Parlement.
La Charente est à Saintes ; à Bayonne est l'Adour ,
L'Aude vers le Canal, & Béziers fait son tour.

Les dix-huit Archevêchés, sont :

Besançon & Lyon, Vienne , Embrun ; au Midi
Sont Aix, Arles, Toulouse avec Narbonne , Albi,
Auch & Bordeaux ; Rouen, Cambrai ; Rheims avec Sens ,
Paris, Bourges & Tours font les cinq au dedans.

Les treize Parlements, font :

Rennes, Rouen, Paris, Metz, Nanci, Befançon,
Douai, Touloufe, Bordeaux, Pau, Grenoble, Aix, Dijon.

Les dix-fept Ports de Mers, font :

SUR LA MANCHE. Dunkerque, Gravelines, Calais, Dieppe & Havre. SUR L'OCÉAN. S.-Malo, Breft, l'Orient, Port-Louis, la Rochelle, Rochefort, Bordeaux, Bayonne, S.-Jean-de-Luz. SUR LA MÉDITERRANNÉE. Cette, Marfeille & Toulon.

Les principales Eaux minérales, font :

AU NORD. Forges, Plombières, Bourbonne-les-Bains. AU DEDANS. Bourbon-l'Archambault, & Vichi. AU MIDI. Bagnères, Barèges, & Balaruc.

Il aura cent-vingt fiches; s'il fe trompe, il perdra autant de fiches qu'il aura fait de fautes.

FIN.

APPROBATION.

J'ai lu, par ordre Monseigneur le Garde-des-Sceaux, un Manuscrit intitulé : *Leçons de Géographie, par M. l'Abbé Gaultier.* Cet Ouvrage fait partie du *Cours d'études élémentaires* destiné à instruire les Enfans, par le moyen d'un Jeu. L'Auteur a appliqué à la *Géographie* la méthode ingénieuse, & analytique dont il a fait usage dans sa *Grammaire.* La méthode des Jeux (regardée par *Platon*, *Montagne*, *Locke*, &c. comme la plus propre à l'éducation des Enfans, parce qu'elle est la plus analogue à leur foible organisation) a l'avantage de prévenir le découragement, & empêche d'associer l'idée de l'étude avec celle de l'ennui : loin d'être contraire à la solidité de l'instruction, elle en facilite les progrès, puisque les enfans, trompés par l'apparence d'un Jeu, deviennent susceptibles d'une plus grande attention, & d'un travail plus assidu. Il ne faut pas oublier d'ailleurs que l'objet de M. l'Abbé *Gaultier* (objet qu'il a si heureusement rempli) a été de cacher sous des formes agréables, & de mettre à la portée de l'enfance les principes des plus grands Maîtres. Je pense que l'impression d'un pareil Ouvrage ne peut être que très-utile. A Paris ce 15 Juin 1788.

Signé, GUIDI.

PERMISSION DU SCEAU.

LOUIS, par la grace de Dieu, Roi de France et de Navarre, A nos âmés & féaux Conseillers, les Gens tenans nos Cours de Parlement, Maîtres des Requêtes ordinaires de notre Hôtel, Grand-

Conseil, Prévôt de Paris, Baillifs, Sénéchaux, leurs Lieutenans-Civils & autres nos Justiciers qu'il appappartiendra : SALUT. Notre âmé le sieur Abbé GAULTIER, Nous a fait exposer qu'il desireroit faire imprimer & donner au Public un *Cours d'Etudes élémentaires, destiné à instruire les Enfans en les amusant*, s'il Nous plaisoit lui accorder nos Lettres de Permission pour ce nécessaires. A CES CAUSES, voulant favorablement traiter l'Exposant, nous lui avons permis & permettons par ces Présentes, de faire imprimer ledit Ouvrage autant de fois que bon lui sembleta, & de le faire vendre & débiter par tout notre Royaume, pendant le tems de *cinq* années consécutives, à compter du jour de la date des Présentes. FAISONS défenses à tous Imprimeurs, Libraires & autres personnes, de quelque qualité & condition qu'elles soient, d'en introduire d'impression étrangère dans aucun lieu de Notre obéissance. A LA CHARGE que ces Présentes seront enregistrées tout au long sur le Registre de la Communauté des Imprimeurs & Libraires de Paris, dans trois mois de la date d'icelles ; que l'impression dudit Ouvrage sera faite dans Notre Royaume & non ailleurs, en bon papier & beaux caractères ; que l'Impétrant se conformera en tout aux Réglemens de la Librairie, & notamment à celui du 10 Avril 1725, & à l'Arrêt de Notre Conseil du 30 Août 1777, à peine de déchéance de la présente Permission ; qu'avant de l'exposer en vente, le Manuscrit qui aura servi de copie à l'impression dudit Ouvrage sera remis dans le même état où l'Approbation aura été donnée, ès mains de notre très-cher & féal Chevalier Garde-des Sceaux de France, le sieur DE LAMOIGNON, Commandeur de Nos Ordres ; qu'il en sera ensuite remis deux exemplaires dans notre Bibliothéque publique, un dans celle de Notre Château du Louvre, un dans celle de Notre très-cher & féal Chevalier Chancelier de France, le fieur DE MAUPEOU, & un dans celle dudit fieur DE LAMOIGNON; le tout à peine de nullité des Préfentes; DU CONTENU defquelles VOUS MANDONS & enjoignons de faire jouir ledit Expofant & fes ayans-caufe pleinement & paifiblement, fans fouffrir qu'il leur foit fait aucun trouble ou empêchement. VOULONS qu'à la copie des Préfentes, qui fera imprimée tout au long, au commencement ou à la fin dudit Ouvrage, foi foit ajoutée comme à l'Original. COMMANDONS au premier Notre Huiffier ou Sergent fur ce requis, de faire pour l'exécution d'icelles, tous Actes requis & néceffaires, fans demander autre Permiffion, & nonobftant clameur de Haro, Charte Normande, & Lettres à ce contraires : Car tel eft Notre plaifir. Donné à Verfailles le deuxiéme jour du mois de Juillet l'an de Grâce mil fept-cent quatre-vingt-huit, & de Notre Régne le quinziéme. Par le Roi, en fon Confeil.   *Signé*, LE BEGUE.

Regiftré fur le Regiftre XXIII de la Chambre Royale & Syndicale des Libraires & Imprimeurs de Paris, N° 1668. fol. 585, conformément aux Difpofitions enoncées dans la préfente Permiffion ; & à la charge de remettre à ladite Chambre les neuf Exemplaires, preferits par l'Arrêt du Confeil du 16 Avril 1785. A Paris le 8 Juillet 1788.

KNAPEN, *Syndic*.

DE L'IMPRIMERIE
de LOTTIN l'aîné & LOTTIN de S.-Germain,
Imprimeurs Ordinaires de la VILLE. 1788.

PRIX

des différens Ouvrages qui se trouvent, à Paris, au *Cours des Jeux instructifs sous la Protection du Gouvernement*, rue Neuve S.-Augustin, N° 28.

PETIT LIVRE POUR LES ENFANS DE TROIS ANS, traduit de l'Anglois,   12 s.

JÉU DE GRAMMAIRE, savoir, trois petits Tableaux, un sac de boules, douze sentences, & les Leçons de Grammaire,   9 l.

Item, le tout collé sur carton avec des grosses boules, & des grands Tableaux, 18

JEU DE GÉOGRAPHIE, savoir, trois Tableaux élémentaires du Jeu de la Géographie de la France, un sac contenant 84 boules, & les Leçons de Géographie,   9

Item, avec la Carte de France découpée en bois, & les Tableaux collés,   18

Nota. LE JEU DE L'HISTOIRE DE FRANCE, qui paroîtra au mois de Décembre, se vendra aussi 9 l. & 18 l.

9 782329 320496